LA VÉRITÉ

SUR LA

CAMPAGNE DE 1870

Examen raisonné des causes de la guerre
et de nos revers

PAR

FERNAND GIRAUDEAU

ex-Chef de Division au Ministère de l'Intérieur.

Deuxième Édition.

PARIS

AMYOT, LIBRAIRE-ÉDITEUR.
6, RUE DE LA PAIX, 6.

1871.

LA VÉRITÉ

SUR LA

CAMPAGNE DE 1870

MARSEILLE. — TYPOGRAPHIE MARIUS OLIVE, rue Sainte, 39.

LA VÉRITÉ

SUR LA

CAMPAGNE DE 1870

Examen raisonné des causes de la guerre
et de nos revers

PAR

FERNAND GIRAUDEAU

ex-Chef de Division au Ministère de l'Intérieur.

Deuxième édition.

PARIS

AMYOT, LIBRAIRE-ÉDITEUR,
6, RUE DE LA PAIX, 6.

1871.

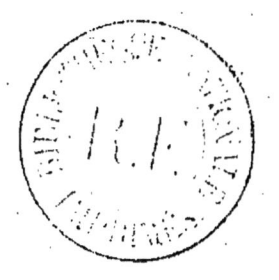

L'ouvrage qu'on va lire est achevé depuis quelque temps. Par un scrupule facile à comprendre, je n'ai pas voulu le faire paraître avant la cessation des hostilités. Depuis qu'il a été écrit, certains détails ont perdu leur actualité, le cours rapide des événements a modifié certaines situations : j'ai cru devoir cependant le laisser tel qu'il était.

Le but que je me suis proposé, je tiens à l'indiquer dès cette page, afin d'éviter toute surprise au lecteur : J'ai voulu m'inscrire en faux contre la plupart des jugements portés sur les faits qui se sont accomplis entre le jour où est née la question Hohenzollern et le jour où Sedan capitula; protester avec énergie contre ce que j'estime une immense erreur, une immense injustice, une immense faute.

Je n'ai pas la prétention de réagir efficacement contre le préjugé populaire. Je suis certain que la lumière se fera; mais je sais qu'il lui faudra des mois, peut-être des années pour percer l'épais nuage de passions qui l'enveloppe. Je m'estimerais heureux si j'avais, d'un jour seulement, hâté son apparition.

En disant ce que je sais, ce que, sur certains points, mes fonctions m'ont permis d'apprendre, je ne crois pas seulement accomplir un devoir de conscience et remplir, pour ma modeste part, ma tâche de témoin devant le tribunal de l'histoire : je crois faire un acte de patriotisme.

Les pires ennemis du pays, sont ceux qui le flattent, lui persuadent qu'il est innocent de ses malheurs, l'empêchent de reconnaître ses défauts, c'est-à-dire de s'en corriger. Si les cruelles épreuves que la France vient de traverser contiennent un enseignement, notre premier devoir n'est-il pas de l'aider à le découvrir ? Telle est la pensée qui m'a mis la plume à la main.

Cette pensée sera dénaturée. Je m'y attends et m'y résigne. J'appartiens en effet à cette catégorie de mauvais citoyens qui ne veulent prêter, du cœur ou des lèvres, qu'un seul serment; préférent l'inaction, la retraite à la palinodie, et ne se croient pas tenus de renier le Pouvoir qu'ils ont loyalement servi, parce qu'il est tombé : je suis suspect !

J'ose pourtant espérer que le lecteur sincère reconnaîtra dans ces pages une œuvre inspirée par la conscience et non par la passion. Il comprendra que l'auteur aime par-dessus tout la justice, et que, s'il s'est parfois trompé (ce qui est probable, car son sujet l'a conduit sur un terrain qui lui était peu familier), du moins ne s'est-il jamais trompé volontairement.

Fernand GIRAUDEAU.

Marseille, le 15 février 1871.

LA VÉRITÉ
SUR LA
CAMPAGNE DE 1870

Examen raisonné des causes de la guerre
et de nos revers.

I

Qui a voulu la guerre?

Guerre dynastique. — Résultat du Plébiscite. — La Commission des Papiers secrets. — L'Empereur est-il pour la guerre? — D'où part l'impulsion? — La déclaration Gramont. — Ce qu'on en pense. — Le désistement. — Comment il est accueilli. — Le Gouvernement veut s'arrêter. — Qui l'en empêche? — Les Journaux, les Couloirs de la Chambre, la Rue. — La scène d'Ems. — La séance du 15 juillet. — Le vote des 83. — M. Thiers. — La Gauche. — Pourquoi elle veut la paix. — Comment la déclaration de guerre est accueillie. — La Province. — Ses manifestations, ses Journaux et les Rapports des Préfets. — Deux Préfets-type. — Un pieux mensonge.

Nous n'avons jamais admis que la France pût être vaincue sans trahison. Pour flatter cette faiblesse de l'amour-propre national, nous rejetons aujourd'hui sur un homme l'entière responsabilité de nos désastres : c'est l'Empereur qui a tout fait.

Je ne demande pas si cela est digne. Je m'interdis tout ce qui ressemblerait à des considérations de sentiment : l'heure présente y serait peu propice. Je demande seulement si cela est sage ?

Selon moi, c'est insensé.

Si nous ne voulons pas faire avec impartialité la part de chacun, comment nous corrigerons-nous ?

nous ne voulons pas remonter résolûment à la source de nos fautes, comment en éviterons-nous le retour ?

C'est cette enquête que je prétends faire, sans phrases, en suivant les faits jour par jour, heure par heure. Tâche difficile, je le sais. Le mensonge le plus grossier, le plus plat, flattant les passions du jour se fait mieux écouter que la vérité la plus claire les contrariant. Nous voulons secouer à tout prix le lourd fardeau des responsabilités, individuelles ou collectives; nous voulons nous étourdir, nous voulons oublier, — et nous y parvenons ! A force de répéter la légende du lendemain, nous avons tous, plus ou moins, fini par y croire.

Puis, tant de choses se sont précipitées, tant de changements se sont accomplis, nous avons assisté à tant de désastres, à tant de catastrophes pendant la demi-année qui vient de s'écouler, qu'elle paraît avoir duré un siècle. Ces faits semblent perdus dans la nuit des temps; la rouille du passé les couvre déjà; et pour remettre sous leur jour des événements vieux de quelques mois à peine, il faut faire un véritable travail de restauration historique.

Si bien qu'en racontant les faits tels qu'ils se sont passés, j'aurai l'air, pour beaucoup, de soutenir un paradoxe ; en remettant chaque chose à sa place, c'est moi qui semblerai apporter le désordre.

En vérité, lorsqu'on voit avec quelle facilité, en quelques mois, en quelques semaines (car ce phénomène s'est accompli du 15 juillet au 4 septembre) les événements perdent leur physionomie réelle, même pour ceux qui y ont pris part; les opinions produites sont oubliées, contredites, même par ceux qui les ont émises, on se demande si l'histoire a toujours assez de clairvoyance, assez de fermeté pour résister à ces capricieux entraînements de la passion, pour remonter, contre le courant des préjugés populaires, jusqu'à la vérité, et l'on se dit que ce qu'elle enseigne est peut-être bien différent de ce qui fut réellement.

Aussi est-ce un devoir pour chacun de lui apporter dans la mesure de ses forces, les matériaux qui peuvent l'aider à asseoir son jugement. Tel est le but de cette publication, qui est surtout un recueil de documents, un journal minutieux des faits et des mouvements de l'opinion. Je n'aspire pas au rôle d'historien, je me borne à celui de greffier.

Qui a voulu la guerre ?
L'Empereur !

La guerre fut la conséquence naturelle du plébiscite. Le pays subit à contre-cœur ce *caprice d'un despote*. L'Empereur seul a conçu l'idée de la guerre, l'a provoquée, imposée « *dans un intérêt exclusivement dynastique.* » Elle lui était nécessaire pour consolider son trône. Peu lui importait le reste !

Voilà ce qui est proclamé par toutes les bouches officielles, ce qui semble acquis à la postérité, et ce qu'il n'est guère permis de mette en doute.

Examinons pourtant. Ne nous laissons intimider ni par l'assurance ni par la multiplicité des affirmations. Ne croyons rien sur parole. Ne nous en rapportons qu'au témoignage de notre bon sens et de nos yeux.

Nous verrons tout à l'heure si cela est vrai. Voyons d'abord si cela est vraisemblable.

La guerre est le fruit du plébiscite. Qu'est-ce que que cela veut dire ? Pour ma part, je ne saisis pas. Si le plébiscite, montrant le nombre de ses adversaires supérieur ou égal à celui de ses partisans, eût entamé sérieusement le prestige de l'Empire et compromis son existence, je comprendrais qu'on accusât Napoléon III d'avoir joué, par un coup de désespoir, ses destinées, celles du pays, sur cette dernière carte. Mais non ; le succès du plébiscite avait dépassé les prévisions les plus optimistes. Il avait été complet, écrasant, décisif. D'un côté, sept millions de voix ; de l'autre, quinze cent mille, à répartir entre trois partis, soit cinq cent mille environ pour chacun. Tous étaient visiblement abattus. On disait de toute part que la dynastie impériale était consolidée pour vingt ans, et ils n'osaient y contredire. Le parti républicain était le plus déconcerté. N'étant pas exclusivement soutenu, comme le parti légitimiste, par le culte désintéressé d'un principe; la passion du pouvoir, le goût des places étant chez lui (l'expérience l'a démontré) le stimulant de la foi, son dépit était particulièrement vif; il ne parvenait pas à le dissimuler. La gauche, jusqu'alors unie, se scindait en *gauche ouverte* et *gauche fermée*. Le sens de ces dénominations stratégiques était clair : la gauche fermée voulait résister jusqu'à la mort, la gauche ouverte ne demandait qu'à se rendre.

Et la conséquence fatale de cette situation inespérée... c'était la guerre? Une guerre imposée au pays, une guerre aventureuse ?

C'est cette situation que l'Empereur devait fatalement éprouver le besoin de compromettre : à l'intérieur, en imposant à ceux qui venaient de lui témoigner leur sympathie le lourd fardeau d'une guerre impopulaire ; — à l'extérieur, en courant les chances d'un conflit avec la plus nombreuse armée de l'Europe ?

Je le répète, je ne comprends pas.

Si cela eût été, qu'en devrions-nous conclure après tout? Qu'en France les partis ne tiennent aucun compte de la volonté nationale, clairement manifestée, et que, même après avoir démontré qu'il a pour lui la presque unanimité des suffrages, un gouvernement ne peut s'y croire assuré du lendemain. Cela prouverait que l'Empire ne se sentait pas suffisamment défendu contre la révolution par les 20 ans de calme, de prospérité qu'il venait de donner au pays, ni par le témoignage de son unanime adhésion.

Mais cela n'était pas. Sauf un petit nombre de cerveaux malades, plaie de tous les régimes, dont la République ne s'accommoderait pas mieux qu'un autre gouvernement, tous les ennemis de l'Empire avaient abdiqué. Rien ne le menaçait plus sérieusement.

J'admets cependant, contre toute vraisemblance, qu'en ce moment, où l'Empereur devait surtout caresser cette pensée de poser sur la tête de son fils la couronne qui lui semblait si manifestement promise, j'admets qu'il fût assez imprudent pour rêver une guerre dynastique.

La guerre de 1870 avait-elle, pouvait-elle avoir ce caractère ?

Que signifie, en effet, ce mot dit par M. Jules Favre, redit à satiété par les divers membres du gouvernement, leurs préfets et leurs journaux ?

Une guerre dynastique (à moins que le nouveau régime n'ait changé le sens des mots comme tant d'autres choses) est une guerre entreprise pour les intérêts de la Couronne, aux dépens du pays; qui, même heureuse, doit nuire au pays; même malheureuse, profiter à la Couronne. Si l'on veut que je sois plus large : c'est tout au moins une guerre qui, sans sacrifier les intérêts du pays, les subordonne à ceux de la Couronne ; une guerre faite pour venger une injure personnelle au souverain, non une injure faite au drapeau ; pour obtenir un résultat utile au trône, indifférent à la nation.

Quelques exemples pris dans l'histoire de nos relations avec cette même puissance qui a été pour nous l'occasion du dernier conflit, préciseront ma pensée. La guerre entreprise, en 1823, par Louis XVIII pour renverser le gouvernement des Cortès, dont le maintien, sans nuire à la France, pouvait ébranler son propre pouvoir, était une guerre dynastique.

Si Louis-Philippe eût fait la guerre pour placer son fils sur les marches du trône d'Isabelle, en attendant qu'il les escaladât, c'eût été une guerre dynastique.

Si, pour empêcher ce rêve de père de famille de se réaliser ; si, pour empêcher un prince français, mais d'une maison rivale, de devenir roi d'Espagne, l'Empereur eût tiré l'épée, c'eût été encore là une guerre dynastique.

Dans ces diverses circonstances, en effet, le pays qui devrait supporter toutes les mauvaises chances de la guerre, n'avait que peu ou point de profit à retirer des bonnes.

De même, enfin, lorsque la reine d'Angleterre, subissant des influences de famille, cherche à retenir son gouvernement (1) dans la voie où le peuple an-

---

(1) On l'en accuse ouvertement dans les meetings, et à mots couverts

glais et les intérêts anglais lui conseillent de marcher, on peut dire qu'elle cède à des considérations dynastiques.

Mais pour la guerre de 1870 en était-il, en pouvait-il être de même ?

Les intérêts de la Couronne et les intérêts du pays étaient-ils opposés, étaient-ils distincts ?

Évidemment non.

En cas de revers, tout le monde le sentait, le bénéfice du plébiscite disparaissait, le trône était menacé. Car nous sommes ainsi faits, nous avons à ce point le tempérament monarchique, que nous ne nous arrêtons jamais aux responsabilités intermédiaires, et nous en prenons à la tête même des fautes du petit doigt.

En cas de succès, au contraire, que devait personnellement gagner l'Empereur ? Peu de chose. Son trône était tellement consolidé au mois de juillet 1870, que rien n'en pouvait sensiblement raffermir les bases. Mais s'il n'en devait attendre aucun avantage matériel, il pouvait en recueillir, je l'avoue, un

---

dans les journaux. — Voir, par exemple, la *Pall Mall Gazette* du 17 décembre : « Une résolution déclare que, cédant à des influences dy-
« nastiques, le gouvernement a pris des mesures pour clore le Parle-
« ment prématurément, afin d'étouffer l'expression de l'opinion pu-
« blique. »

Parlant des préparatifs faits pour la réception de M. Jules Favre, le correspondant de Londres du *Journal de Genève*, du 14 janvier, dit que cette manifestation a pour but non-seulement d'honorer notre ministre des affaires étrangères, mais encore de « protester contre l'influence politique considérée en ce moment comme *anti-anglaise*, d'une personne placée plus haut encore que M. Gladstone ».

certain avantage moral. Oui, sans doute, de grandes victoires sur la Prusse eussent accru l'affection, la confiance dont le pays venait de lui donner un témoignage éclatant. Mais pourquoi? Précisément parce qu'il eût rendu par ces victoires un nouveau service à la France et qu'il l'eût aidée à réaliser un rêve séculaire.

Tandis que les intérêts du pays et les intérêts de l'opposition étaient non-seulement distincts, mais opposés, puisque chaque succès de la politique impériale était pour elle une défaite amèrement subie, chacun de ses échecs une victoire pompeusement enregistrée, les intérêts du gouvernement et ceux de la France au contraire étaient absolument connexes.

En y regardant de près, les mots de *guerre dynastique* veulent donc dire ceci: guerre qui, heureuse, devait accroître le prestige de la dynastie parce qu'elle eût accru la puissance et la sécurité du pays.

Mais, à ce compte, la guerre de Crimée, la guerre d'Italie, la transformation du régime économique, les grands travaux d'utilité générale, et tant d'autres entreprises hardies, heureuses, qui portaient haut le prestige et la prospérité de la France avaient un caractère éminemment dynastique.

Dynastique, la tendance des czars à se rapprocher de Constantinople; dynastique, la persévérance des rois ou reines d'Angleterre à les en éloigner; dynastiques, les efforts du roi de Grèce pour étendre ses Etats; dynastique, l'obstination du sultan à défendre les siens: dynastique enfin, toute politique qui comprend et seconde les aspirations nationales.

Mais, qu'on y songe! Ce mot ainsi compris ne s'appliquera pas seulement à la conduite des empereurs et des rois. Tous ceux qui auront, à un titre quelconque, l'honneur de diriger les affaires publiques, éprouveront le noble désir d'illustrer leur nom par quelque grand service rendu à leur pays. Ce désir est même la seule excuse légitime de l'ambition, plus souvent son prétexte, et c'est sous ce manteau que se glissent dans les charges publiques tant de gens dont le vrai mobile est la passion du pouvoir ou simplement le goût des places.

Il y a seulement cette différence qu'une dynastie, ayant devant elle l'avenir, peut poursuivre patiemment un grand but, tandis qu'un ministre, un membre de gouvernement provisoire, un dictateur de circonstance, pour mettre à profit les quelques jours qui lui appartiennent, est plus naturellement porté à précipiter les choses.

Si, par exemple (c'est une hypothèse: l'histoire en fera peut-être une accusation positive, attendons son verdict), si, en épuisant les forces du pays par une résistance nécessairement inefficace, au lieu de les ménager pour une prompte revanche; en imposant à la nation ce sacrifice stérilement onéreux, sans vouloir même la consulter; en brisant tour à tour les corps qui pouvaient lui faire entendre sa voix, le gouvernement du 4 septembre avait cédé au chimérique espoir d'étayer, par des trophées prussiens, la statue mal assise de la République et le pouvoir incertain de ses fondateurs ; si, en usurpant, au nom de son incompétence, la direction des opérations militaires, M. Gambetta avait été guidé par la secrète ambition d'acquérir des titres glorieux à la reconnaissance du pays, c'est-à-dire à la présidence de la République, on pourrait à coup sûr les accuser d'avoir sacrifié la France à des considérations *exclusivement dynastiques*, et les intérêts de leur pays à leurs propres intérêts.

Le bon sens nous dit que Napoléon III, au contraire, n'avait aucun avantage à entreprendre la guerre ; que l'eût-il cependant provoquée, — on ne saurait l'accuser sérieusement d'y avoir cherché la satisfaction d'un intérêt personnel. Mais après avoir invoqué le témoignage du bon sens, j'invoque le témoignage plus précis des faits. Après avoir dit : l'Empereur *ne devait point* désirer la guerre, je dis : l'Empereur *n'a pas* désiré la guerre ; on la lui a imposée ; il n'a pas pu ne pas la faire, — et je le prouve.

Il y a à Paris une Commission investie du glorieux mandat de fouiller les tiroirs des Tuileries, des appartements privés de tel ou tel fonctionnaire de l'Empire, de vider les portefeuilles, de crocheter les secrétaires, d'y découvrir la vérité, afin de la publier quand, habilement présentée, elle peut paraître utile à sa cause, et de la dérober dans le cas contraire. Cette Commission affirme qu'elle travaille pour l'histoire et supprime les pièces les plus essentielles, celles qui doivent réellement donner le fil des événements; tronque les autres, supplée aux signatures absentes; annonce qu'elle a mis la main sur la correspondance échangée entre l'Empereur et l'Impératrice, où l'on trouvera des révélations importantes, et après l'avoir lue, juge prudent de n'en rien publier ; présente des libéralités, même de bonnes œuvres de la cassette particulière, comme un gaspillage effréné des finances de l'Etat; laisse échapper, sans le comprendre, tel détail qui démolit tout l'échafaudage de ses assertions précédentes ; enfin, par son tact, sa bonne foi, son intelligence, se montre à la hauteur de la pensée patriotique qui lui a confié, dès la première heure du nouveau régime, ce rôle imprévu dans la grande œuvre de la défense nationale.

Mais (nul n'est parfait en ce monde) elle ne sait pas garder ses secrets et ses confidents la trahissent. Ainsi l'un deux écrivait dans les premiers jours d'octobre à l'*Indépendance belge* :

<blockquote>On a trouvé des lettres du maréchal Lebœuf prouvant que l'Empereur avait de la répugnance pour la guerre, que M. Ollivier la combattait aussi.</blockquote>

La Commission n'ayant point jugé bon de nous communiquer ces pièces qui eussent légèrement contrarié, je l'avoue, les solennelles affirmations du gouvernement provisoire, nous essayerons d'y suppléer.

Quelle était notre situation quand éclata la question Hohenzollern ?

Le gouvernement français avait fait demander par deux fois à la Prusse un désarmement simultané. Malgré le refus énergique de M. de Bismarck, il avait voulu donner l'exemple en réduisant le contingent de 10,000 hommes.

L'Empereur avait pris pour ministres les députés qui représentaient le plus nettement les idées d'économie, de travail, de progrès pacifique ; ceux dont le programme bien connu débutait par ces mots : « Nous voulons la paix (1). »

N'ayant pu faire accepter le système militaire qu'il avait jugé nécessaire pour tenir tête à la Prusse; s'étant vu refuser les fonds nécessaires pour l'armement du pays, — pour la construction de certains travaux de défense jugés essentiels, — pour l'organisation sérieuse de la garde mobile — et contraint, par les scrupules chaque jours croissants de la commission du budget, à chercher pour cette armée de réserve un système plus économique ; n'ayant pas d'alliance conclue en vue de la guerre (et c'était pour lui un principe absolu, auquel il n'avait jamais dérogé, de ne faire la guerre qu'avec un allié), l'Empereur montrait clairement par ses actes, comme par ses paroles, qu'il ne songeait nullement à attaquer la Prusse.

S'il l'eût voulu, les ocasions ne lui eussent assuré-

---

(1) Programme du centre droit.

ment pas manqué. Tout récemment, au mois de juin, la question du Saint-Gothard venait de mettre à l'épreuve la patience déjà lasse du pays, et le ministère avait eu d'autant plus de peine à calmer les esprits, que l'opposition s'était charitablement appliquée à les exciter. Prenant comme toujours le contrepied de la politique impériale (1), elle s'était montrée d'autant plus susceptible que le ministère était plus conciliant. Pendant que M. de Gramont ou M. Ollivier cherchaient à étouffer ce commencement d'incendie, les orateurs de la gauche y versaient l'huile à pleines mains: « Majorité de Sadowa! » s'écriait M. Jules Ferry, animé, pour la circonstance, du souffle classique de 92, et comme la majorité ne trouvait pas l'apostrophe de son goût, il reprenait :

> Vous voulez qu'on me rappelle à l'ordre? Moi je vous rappelle au patriotisme! Oh! Messieurs, je respecte vos susceptibilités, mais il y a aussi des susceptibilités nationales que tout le monde doit respecter, et ce sont elles qui me font monter à cette tribune... Je n'ai pas cherché à provoquer des orages, la question est trop haute et trop grave, elle touche trop profondément mon cœur de Français, etc.

On se calma pourtant; la question fut résolue pacifiquement et l'on pouvait se croire pour quelque temps à l'abri des taquineries prussiennes. Dans la séance du 1ᵉʳ juillet (quand déjà tout était consommé!) la gauche demandait, avec plus d'ardeur que

---

(1) Comme le disait M. de Girardin, « ce qu'ils veulent évidemment c'est ce que le gouvernement ne veut pas, et voilà, en vérité, leur seul criterium. » — *La Liberté*, 30 mai 1867.

jamais, l'abolition des armées permanentes, s'évertuant à prouver que la situation de l'Europe était particulièrement favorable à cette mesure et que la Prusse, si redoutée, était trop absorbée par ses difficultés intérieures pour songer à molester autrui.

« Qant à la Prusse, disait M. Garnier-Pagès, aux applaudissements de ses amis, peut-elle nous inquiéter ? En vérité, Messieurs, je *souris* quand je vois M. de Bismarck chercher, par le percement du mont Saint-Gothard, à stimuler le patriotisme des populations qui lui échappent !... Dans une telle situation des Etats de l'Europe, lorsque vous voyez qu'on désarme partout, vous déciderez-vous enfin à faire des économies ? allez-vous faire ce que devraient accomplir des *hommes d'Etats qui comprendraient la situation ?...* » M. Jules Favre ajoutait qu'organiser la France comme pour une grande guerre, quand elle était en pleine paix, « quand rien de sérieux ne la menaçait, » c'était commettre « un acte « de coupable folie, porter une atteinte sans excuse « à la moralité, à la grandeur, à la prospérité de la « nation. » Et il reprochait amèrement à ceux qui entretenaient les craintes du pays, de promener devant ses yeux « le fantôme d'une chimère qui n'aboutit à rien et le ruine. » M. Thiers, tout en répondant à ses collègues de la gauche, qu'il valait mieux se tenir prêt, affirmait de son côté que jamais la paix n'avait été plus assurée, que jamais M. de Bismarck n'avait moins songé à la guerre.

Pendant qu'on se livrait naïvement chez nous à ces

dissertations optimistes, la Prusse tendait tranquillement son piége, préparait savamment ses batteries, enlaçait toute les chancelleries de ses protestations astucieuses et mettait la dernière main à ses préparatifs militaires. Quatre jours après la séance dont nous venons de parler, on apprenait subitement à Paris la nouvelle manœuvre imaginée par M. de Bismarck.

L'émotion fut générale et vive. La prétention de la Prusse était inadmissible. Il fallait la repousser vertement. Sur ce point, il ne pouvait y avoir, il n'y avait qu'une opinion, et les personnages politiques comme M. Thiers (1), les journaux comme le *Siècle* ou le *Temps* (2), qui devaient plus tard déconseiller

---

(1) M. Thiers, dans le discours même qu'il prononça contre la guerre, déclara que la prétention de la Prusse était « une offense à la dignité de la France, une entreprise contre ses intérêts. » — « S'il s'agissait d'obtenir l'abandon de cette candidature, ajoutait-il, je serais avec vous de toute mes forces et il n'y aurait dans tout le pays, dans toute l'Europe, qu'une voix pour vous soutenir »

(2) **Le Temps**, 5 juillet : « De toutes les conditions imaginables, ce serait la plus désagréable et la plus gênante pour le gouvernement français et *la plus réellement inquiétante pour la situation européenne de la France...* Si un prince prussien était placé sur le trône d'Espagne, ce n'est pas jusqu'à Henri IV seulement, c'est jusqu'à François Iᵉʳ que nous nous trouverions ramenés en arrière. Qu'était-ce en effet que l'empire de Charles-Quint, si ce n'est l'Allemagne, l'Italie et l'Espagne enlaçant la France et l'isolant? Et qui ne sent que l'avénement d'un prince prussien *équivaudrait à cet état de choses, avec cette différence plutôt désavantageuse* que le principal poids de la puissance rivale se trouverait au Nord, du côté où notre frontière est le plus exposé, au lieu de se trouver au Midi? » — *Ch. du Bouzet.*

Le Siècle, 6 juillet : « La France, enlacée sur toutes ses frontières par la Prusse ou par les nations soumises à son influence, se trouverait réduite à un isolement pareil à celui qui motiva jadis les longues

la guerre, le déclaraient eux-mêmes fort nettement. Mais que pouvait-on attendre des négociations ? « Qu'espérer de notre diplomatie ? Elle venait de faire preuve d'une telle incapacité ! » C'est à elle (après la Prusse) qu'on s'en prenait surtout. On ne connaissait pas alors cette circonstance atténuante que la candidature Hohenzollern ayant été une première fois soulevée en 1869, le gouvernement prussien avait juré qu'elle n'avait et qu'elle n'aurait jamais un caractère sérieux. Si prémunis contre les procédés prussiens, qu'on supposât nos ambassadeurs, peut-être pouvait-on les excuser de s'être laissés prendre à cette nouvelle finesse, doublée d'une « parole d'honneur (1). » Mais, je le répète, on ignorait ce détail et l'on sommait le gouvernement de réparer au plus vite la bévue de ses agents. Ce n'est pas de la droite que partirent les premières sommations. La droite hésitait : l'un de ses organes prêchait la patience, la modération, la mo-

---

luttes de notre ancienne monarchie contre la maison d'Autriche. La situation serait à beaucoup d'égards plus grave qu'au lendemain des traités de 1815. » — *E. Tenot.*

Le Rappel : « Les Hohenzollern en sont venus à ce point d'audace, qu'ils osent méditer ce monstrueux projet de domination universelle qu'ont vainement rêvé Charles-Quint, Louis XIV et Napoléon. Il ne leur suffit plus d'avoir conquis l'Allemagne, ils aspirent à dominer l'Europe ! Ce sera pour notre époque une éternelle humiliation que ce projet ait été, *nous ne dirons pas entrepris, mais seulement conçu* ». — *F.-V. Hugo.*

(1) « L'idée d'élever au trône d'Espagne un prince de Hohenzollern n'était pas nouvelle. Déjà, au mois de mars 1869, elle avait été signalée par notre ambassadeur à Berlin, qui était aussitôt invité à faire savoir au comte de Bismarck comment le gouvernement de l'Empereur envisagerait une éventualité semblable. M. le comte Benedetti, dans plusieurs entretiens qu'il avait eus à ce sujet, soit avec le chan-

destie (1). Les feuilles libérales répondaient avec indignation : *Silence aux hommes de Sadowa!* C'est de ce côté en effet que les esprits étaient le plus montés, dans cette partie de la Chambre, de la presse, de l'opinion qui allait de l'extrême droite à l'extrême gauche et où les empiétements de la Prusse et les ménagements du précédent cabinet à son égard avaient été particulièrement blâmés. Les journaux les moins suspects de complaisance étaient à la tête du mouvement, et le ton même dont ils pressaient le gouvernement d'agir, de montrer que le temps de M. Rouher était passé, que la France libérale se redressait enfin, n'indiquait pas une tendresse aveugle pour l'Empire (2).

---

celier de la Confédération de l'Allemagne du Nord, soit avec le sous-secrétaire d'Etat chargé de la direction des affaires étrangères, n'avait pas laissé ignorer que nous ne pourrions admettre qu'un prince prussien vînt à régner au-delà des Pyrénées.

« Le comte de Bismarck, de son côté, avait déclaré que nous ne devions nullement nous préoccuper d'une combinaison que lui-même jugeait irréalisable, et en l'absence du chancelier fédéral, dans un moment où M. Bénedetti avait cru devoir se montrer incrédule et pressant, M. de Thile avait engagé *sa parole d'honneur* que le prince de Hohenzollern n'était pas et ne pouvait pas devenir un candidat sérieux à la couronne d'Espagne. » (Circulaire du duc de Gramont, 21 juillet).

(1) « On nous dit que le cabinet va résister au projet de M. Prim. Comment résistera-t-il? L'Angleterre l'approuve, la Prusse l'accepte, et il n'est pas impossible que l'Espagne, parce que nous n'en voulons pas, y souscrive! Que feront alors nos ministres ? — La guerre à la Prusse? Ce serait scandaleux. — A l'Espagne ? Ce serait insensé ». — *E. Dréolle*.

(2) Deux exemples :

« Quoi ! s'écriait M. About, adversaire déclaré du cabinet, on permettrait à la Prusse d'installer un Proconsul sur notre frontière

Enfin ce fut des bancs du centre gauche que partit l'interpellation adressée au gouvernement. C'est M. Cochery qui la déposa. L'extrême gauche ne la signa pas: on en fut surpris (1).

M. de Gramont répondit à l'interpellation: on sait en quels termes. M. Crémieux lui dit: « Vous voulez « donc la guerre? » M. Emile Ollivier répliqua :

> Le gouvernement désire la paix, il la désire avec passion, mais avec honneur.... Je supplie les membres de cette assemblée, et

---

d'Espagne! Mais nous sommes 38 millions de prisonniers si la nouvelle n'est pas fausse! Il faut absolument qu'elle soit fausse. Elle le sera si l'on veut, *mais le gouvernement français est-il encore capable de vouloir? Toute son énergie se bornera-t-elle à repousser la candidature du duc de Montpensier?* » — *(Le Soir,* 6 juillet).

Et M. Pessard (qui n'est point le type du courtisan!) disait le même jour dans *le Gaulois* : « S'il a plu *à l'Empire autoritaire* d'accepter Sadowa et *de se consoler de l'affaire du Luxembourg,* la France, *rendue en partie à elle-même,* ne saurait supporter qu'on la brave et qu'on la provoque impunément... La guerre! personne ne la hait plus que la *France libérale,* éprise de droit et de justice. Personne plus et mieux que la *démocratie libérale* ne sent quel danger une guerre heureuse peut faire courir à la liberté. Personne mieux que nous autres ne frémit à la pensée des maux qu'un échec pourrait attirer sur nous. Mais s'il faut choisir une fois encore entre la patrie amoindrie, réduite, et la guerre, *nous n'hésitons pas!*... Nous espérons que le gouvernement français ne pourrait, *sans trahison vis-à-vis de la France,* supporter un jour de plus les agissements prussiens. On pourrait pardonner au cabinet *d'avoir manqué à ses promesses, ravivé nos colères,* on ne lui pardonnerait pas de n'avoir pas su être français ».

(1) « M. Cochery est le héros du jour. On le presse, on le fête. On lui conseille de frapper ferme et fort. Il faut dire que la mesure est comble. Il n'y a que les patriotes de la gauche pour ne pas s'en apercevoir. Ces citoyens du monde, ces fanatiques de philantropie internationale et de cosmopolitisme fraternel n'ont pas signé l'interpellation Cochery. Ils s'apprêtent à faire du sentiment et des discours. » — (Le Soir, *Echos de la Chambre).*

je supplie la nation de croire qu'elle n'assiste pas aux préparatifs déguisés d'une action vers laquelle nous marchons par des sentiers couverts. Nous disons notre pensée tout entière : nous ne voulons pas la guerre, nous ne sommes préoccupés que de notre dignité... Si nous croyons un jour la guerre inévitable, nous ne l'engagerons qu'après avoir demandé et obtenu votre concours

M. Emile Ollivier était-il sincère ? Ne voulait-il pas dissimuler sous des paroles modérées des intentions belliqueuses ? Il était sincère. La politique qu'il avait exposée à la Chambre était bien la politique du cabinet, la politique de l'Empereur. Nous en avons la preuve ; en sortant de la séance il télégraphiait à Saint-Cloud :

SIRE,

La déclaration a été reçue à la Chambre avec émotion et immense applaudissement. La gauche elle-même, à l'exception d'un très-petit nombre, a déclaré qu'elle soutiendrait le gouvernement. *Le mouvement, au premier moment, a même dépassé le but. On eut dit que c'était une déclaration de guerre.* J'ai profité d'une déclaration de Crémieux pour rétablir la situation. Je n'ai pas accepté qu'on nous représentât comme préméditant la guerre. Nous ne voulons que la paix avec honneur. Dans le public l'émotion aussi est grande, mais cette émotion est noble, patriotique. Il y a du cœur dans ce peuple.

EMILE OLLIVIER.

Il est, je pense, inutile d'indiquer que cette pièce donnant aux solennelles affirmations du gouvernement provisoire, un second démenti, ne nous a pas été, plus que la première, fournie par la Commission des *Papiers secrets*. Elle n'est parvenue au public que par une voie très-détournée.

Depuis nos désastres, on a beaucoup reproché au duc de Gramont de s'être trop hâté. On ne réfléchit pas qu'il était obligé de frapper vite et fort pour arrêter brusquement l'intrigue sur le point d'aboutir. Les Cortès allaient s'ouvrir. On prêtait même au maréchal Prim l'intention de tout consommer avant leur réunion (1). Le prince Léopold avait disparu; on avait tout lieu de croire qu'il roulait sur la route de Madrid. Un jour perdu, et nous nous trouvions peut-être en présence d'un fait accompli. Qui ne sent qu'alors la situation eût été plus grave encore et qu'il devenait impossible d'écarter l'Espagne du conflit. D'ailleurs, la netteté, l'énergie, la promptitude de cette déclaration répondaient strictement aux exigences de l'opinion publique qui l'accueillit par une approbation presque unanime. M. de Gramont fut le lion d'un jour.

Pour replacer le lecteur dans l'atmosphère enfiévrée où se mouvait alors le gouvernement, je suis obligé de reproduire quelques extraits de journaux, que je signale à son attention. Je laisse de côté les journaux qui soutenaient le ministère avant la naissance de cet incident, comme le *Constitutionnel*, — la *Patrie*, — la *France*, le *Peuple français*, — le *Moniteur*, — même les feuilles de la droite, plus im-

---

(1) La *Gazette de France* qui lançait le 3 juillet, dans la presse, la nouvelle de la candidature Hohenzollern, ajoutait : « Aussitôt l'acceptation donnée, le maréchal Prim fera un coup d'État pour proclamer roi ce prince prussien. Afin de brusquer ce dénouement, il est décidé à se passer de l'intervention des Cortès ».

périalistes que ministérielles, comme le *Volontaire*, le *Public*, le *Parlement*, le *Pays*: on pourrait récuser leur témoignage. Je ne consulterai que des journaux comme la *Liberté*, l'*Opinion nationale*, la *Presse*, l'*Univers*, l'*Union*, le *Français*, le *Gaulois*, le *National*, le *Monde* ou le *Soir*, des revues comme le *Correspondant* ou la *Revue des Deux-Mondes*, qu'aucun soupçon de complaisance, d'indulgence même pour le cabinet ni pour l'Empire ne pourrait atteindre, et qui ne prouvaient leur affection au gouvernement qu'en le châtiant tous les jours.

L'Univers.

Cette déclaration était hier soir, dans les cercles et les lieux publics, l'objet de toutes les conversations. Le ferme langage du gouvernement *était unanimement approuvé et même applaudi*. Les agents prussiens pourront donc faire savoir à S. M. Guillaume et à M. de Bismarck que nos ministres ont incontestablement été, dans cette circonstance, les organes CONTENUS *de l'opinion générale*.

L'Opinion Nationale.

Autant il nous a paru que nous devions nous montrer réservés tant que l'action de la Prusse se renfermait en Allemagne, autant nous devons nous montrer susceptibles dès que nous apercevons cette action s'exerçant dans des conditions suspectes parmi le groupe des nations latines.

En restant sur ce terrain, le gouvernement peut tenir, comme il l'a tenu en effet, un langage haut et ferme. Il aura toute la France derrière lui... M. de Bismarck passe toutes les bornes; s'il veut conserver la paix, qu'il recule. Quant à nous, nous ne le pouvons plus. — Ad. Guéroult.

La situation morale de la France atteinte déjà, déjà diminuée par plus d'un échec, était hier menacée. Subir et se taire, c'était abdiquer... Il y a des moments où l'audace et le courage sont le comble de la prudence. Pour ma part, je crois qu'hier nous en étions là.

Le Gaulois.

L'Honneur est sauf ! (Article de M. Pessard) :

Pour la première fois depuis le 23 février, le ministère a parlé aujourd'hui le seul langage digne d'un cabinet français, digne du pays qui l'écoutait... Si nous avions supporté ce dernier affront, IL N'Y AVAIT PLUS UNE FEMME AU MONDE QUI EUT ACCEPTÉ LE BRAS D'UN FRANÇAIS.

Aujourd'hui l'honneur est sauf! Si la paix peut être maintenue, tant mieux. Mais si la guerre est le résultat de la combinaison Prim-Bismarck, tant mieux encore...

ECHOS DES CHAMBRES.

Il n'y avait plus de gauche ouverte, il n'y avait plus de droite, il n'y avait plus de centres. Il n'y avait plus dans la Chambre que des Français !...

Toute la Chambre se lève et bat des mains. Les tribunes elles-mêmes appuyent la manifestation: les dames agitent leur mouchoir; les hommes crient hourra ! — L'émotion est indescriptible.

Si les intentions de M. de Bismarck sont pures... il n'en coûtera rien au monarque prussien de DONNER PUBLIQUEMENT LE DÉSAVEU QUE NOUS SOMMES EN DROIT D'ATTENDRE DE LUI. S'il résiste, s'il polémique, quelle preuve plus décisive exigera-t-on de son parti pris de nous blesser et de nous traiter comme des principicules tudesques?

Nous ne demandons rien que les précédents ne consacrent. Rien de plus. Mais aussi *rien de moins*. — H. Pessard.

Le Figaro.

En admettant aujourd'hui que la Prusse dégage à la fois son intérêt et sa responsabilité dans la candidature du prince de Hohenzollern : c'est-à-dire, qu'elle prouve qu'elle n'y a pas trempé, qu'elle ne veut pas le soutenir et qu'elle le désavoue, LA FRANCE EST EN DROIT D'EXIGER PLUS. Se voyant berné, trompé, joué par la Prusse, le gouvernement français doit EXIGER DES GARANTIES... Le concours que le gouvernement peut attendre du pays a été caractérisé par les applaudissements de la Chambre devant les déclarations de M. de Gramont. La gauche elle-même, qui le premier jour avait montré de la prudence et même de l'hostilité, a dû céder *devant la libre manifestation de l'opinion publique*. Et dans les paroles que M. Garnier-Pagès a prononcées samedi dernier, on a fort remarqué qu'il avait évité toute allusion au gouvernement français pour rejeter la responsabilité de la situation sur M. de Bismarck et le maréchal Prim. — *Jules Richard.*

Le Journal de Paris.

Le cabinet des Tuileries avait des raisons de se montrer susceptible que le cabinet de Berlin ne saurait invoquer. Si M. de Gramont n'avait pas parlé, on aurait pu croire, à la fin, que toute la politique de la France était dans la résignation et dans l'effacement. — *H. Depasse.*

Le Correspondant.

M. de Bismarck a manifestement conçu le projet de rétablir au profit de son pays l'ancienne puissance de la maison d'Autriche... Bloquée de toute part et enserrée dans un inflexible réseau, la France impuissante et avilie n'aurait plus qu'à étouffer entre le Rhin, les Pyrénées et les Alpes... *Aussi sommes-nous de ceux qui applaudissent à la ferme attitude adoptée par le gouvernement.* Depuis trop longtemps notre complaisance était au service des agrandissements d'autrui. Nous sommes soulagés de nous sentir enfin redevenus Français. *Toutes les âmes patriotiques ont salué, comme la Chambre, la déclaration du pouvoir, en y retrouvant avec joie le vieil accent de la fierté nationale...*

On conçoit le bouillonnement en face de certains outrages, et si l'on réfléchit que les sentiments dont l'explosion venait de retentir étaient comprimés depuis quatre années dans toutes les poitrines, on ne s'étonnera pas *que le gouvernement lui-même* AIT CEDE A L'ENTRAÎNEMENT UNIVERSEL. — *Léon Lavedan.*

Le Soir

Nous nous trouvons très-souvent en communauté avec l'opposition de gauche. Nous poursuivons, croyons-nous, le même but.., aussi éprouvons-nous un vif chagrin chaque fois que nous devons, au nom du sens commun, nous séparer d'hommes dont nous partageons d'ailleurs les sentiments généreux.

MM. Crémieux et Arago se sont trompés dans la séance d'hier sur le rôle réservé à l'opposition dans le Corps législatif, et aujourjourd'hui M. Glais-Bizoin a essayé de prouver qu'il serait en état de commettre les mêmes erreurs. Nous n'en avions jamais douté pour notre part. Le premier devoir pour l'opposition libérale en France est d'être D'ACCORD AVEC LE SENTIMENT POPULAIRE....... Il est inique et anti-national d'entraver l'action du gouvernement, lorsqu'il semble décidé à tenir d'une main ferme le drapeau qui lui a été confié. Dans les attaques de cette nature, l'opposition aura peu d'écho sur notre sol. Ce sont des maladresses qui compromettent son recrutement et préparent les plébiscites impériaux de l'avenir.

Le ministre des affaires étrangères est venu faire une déclaration en termes très-nets, très-catégoriques sur un fait brutal, dans le plus bref délai. L'opinion n'a pas eu le temps d'être saisie de la question, que déjà les représentants du pays étaient prévenus officiellement des intentions du gouvernement. Cette manière d'agir est nouvelle pour nous, *et comme c'est là ce que nous demandions, il y a peu de jours encore* avec plusieurs organes de la gauche, nous avons lieu de nous montrer très-satisfaits. — *Louis Outrebon.*

ECHOS DE LA CHAMBRE.

Quoi qu'il arrive, tout est pardonné. Le *Soir* l'a dit et les députés qui sont là, jugent que le *Soir* a bien raison : il faut soutenir les ministres ! M. Emile Ollivier et M. de Gramont sont deux hommes de cœur qui ont enfin parlé français !

Sauf deux ou trois « citoyens du monde » (entre autres M. Crémieux) tout le monde est pour le cabinet. *Dans la gauche même on dit aujourd'hui comme hier que les deux ministres ont tenu le seul langage qui fût honorable en un pareil moment.* Les gens raisonnables sont convaincus que si la guerre peut être évitée, elle le sera par l'énergie du gouvernement français. *La moindre hésitation et l'on perdait tout.* Mais c'est dans ces occasions que le vrai Ollivier se retrouve. Il a bien mérité de la patrie (9 juillet).

Un mot du gouvernement, un signe, et la France entière marchera, sauf M. Garnier-Pagès, le père du peuple !

La gauche se tue depuis deux jours. Elle a beau faire, tous les députés, sauf sept ou huit, voient clair dans son jeu et répètent à tout venant que la gauche eût crié au déshonneur si le ministère avait cédé. Le gouvernement résiste, elle crie à la témérité. Dans un pareil moment, c'est pitoyable ! Un peu d'union et la paix était faite. Si la guerre éclate, la gauche l'aura certainement provoquée. Ces prétendus héritiers de la Convention sont singulièrement loin de leurs pères !

Et les journaux ! Avez-vous lu ces attaques violentes, avez-vous lu ces apologies formelles de la politique prussienne? Cela fait lever le cœur à ceux qui en ont, comme on dit. *Avez-vous aperçu l'alliance subite du rouhérisme et de la politique des trois tronçons avec l'eunuchisme traditionnel de certaines feuilles majestueusement viles ?* Prim est un héros, Bismarck est un Dieu; mais nos ministres sont des sots et pis que cela: M de Gramont un sot; M. Emile Olivier un sot; et nous autres chauvins, de parfaits imbéciles. Nous voulons que notre pays subsiste, nous voulons que la France compte, nous combattons non pas même pour l'honneur, mais pour la vie. Evidemment nous sommes des fous et ces gens d'esprit nous plaisantent (9 juillet).

La Presse.

Ce journal s'était tenu le premier jour à l'écart;

mais emporté par le courant il rejoignit les autres. il les dépassa même d'un seul bond :

> Nous sommes convaincus que la Prusse cédera......La victoire morale sera donc complète. Si nous étions capables de plus de vanité que d'orgueil, le triomphe nous serait facile. Notre diplomatie humiliée par nos agents serait relevée par notre politique. Nous aurions interrompu cette période d'abaissement dans laquelle nous étions entrés en 1866, et le résultat apparent dépasserait l'espoir que nous avions conçu.
>
> Mais après ?
>
> Est-ce que les incidents de la politique peuvent s'isoler ? Est-ce que les prétentions du prince de Hohenzollern ne se rattachent pas à l'affaire du Saint-Gothard, comme cette question se rapportait elle-même à la querelle du Luxembourg ? Est-ce qu'elles n'annoncent pas, pour l'avenir, de nouvelles entreprises dictées par le même esprit de convoitise ? — *La Ponterie.*

La Liberté.

M. Robert Mitchell ayant dit dans le *Constitutionnel* du 7 juillet : « Si, comme tout porte à le croire, le peuple espagnol refusait spontanément le souverain qu'on prétend lui imposer, nous n'aurions plus rien à demander au cabinet de Berlin ». M. L. Détroyat répond :

> Nous ne sommes pas de l'avis du *Constitutionnel*, nous pensons qu'il resterait à la France et à l'Europe à demander au cabinet de Berlin des garanties qui le lient étroitement.

Le lendemain, autre article du même auteur intitulé : Finissons-en.

> Nous ne pouvons avoir de doute, car les hésitations de la Prusse prouvent qu'elle ne cédera que devant la peur.
>
> Qu'attendons-nous donc ?

Prenons un parti, un parti énergique, c'est le seul qui convienne à la France.

Comme nous l'avons dit hier, comme nous le dirons demain, s'il le faut, nous disons encore aujourd'hui :

Finissons-en !

Un Congrès ou la Guerre (article de M. de Girardin) :

Mais plutôt que de compromettre l'œuvre de M. de Bismarck, la Prusse refusera de se battre ?

— Eh bien ! à coups de crosses dans le dos, nous la contraindrons de passer le Rhin et de vider la rive gauche.

Le *Journal des Débats* et le *Temps* cherchent à calmer les esprits. Le premier pense qu'on pourrait attendre le vote des Cortès pour prendre un parti; le second invoque tour à tour les arguments les plus contradictoires. Après avoir montré comme un immense péril l'avénement du prince de Hohenzollern, il semble le considérer comme innoffensif; après avoir évoqué le premier (1) le souvenir de l'Empire de Charles-Quint, il le traite de vain fantôme; puis il convient de nouveau que cet affront est difficile à digérer, mais qu'on ne peut faire autrement (2).

Quant aux feuilles radicales, elles attisent le feu

---

(1) Voir plus haut l'extrait de l'article de M. de Bouzet, en date du 5 juillet.

(2) Le *Français* s'étonne de voir un journal comme le *Temps* prendre aussi facilement son parti des procédés arrogants de la Prusse, et lui dit : « Non ! ce n'est pas là de la grande politique. Il y avait autre chose à faire que de continuer à récriminer contre les termes d'une déclaration déjà vieille de plusieurs jours. Il fallait soutenir les réclamations de la France, tout en veillant à ce qu'elles fussent limitées. »

tout en voulant l'étouffer et prêchent contre la guerre avec les arguments les plus propres à la faire éclater. Elles ne sont pas sûres que le bon droit ne soit pas du côté de la Prusse. D'ailleurs, elles le déclarent sans détour et avec une certaine gaîté, les injures faites au gouvernement français ne sauraient atteindre la France. Le peuple ne les relèvera pas. Il attendra, pour s'en venger, qu'il ait d'autres institutions. Sous les drapeaux de la République il se battrait avec énergie; il ne se battra pas sous les aigles.

Le Réveil.

ECHEC ET MAT. (Article de M. Siebecker).

..... Parions que le Hohenzollern est un beau matin installé en Espagne, sans plus de tambours ni de trompettes que son cousin n'en a employés pour prendre possession de la Roumanie.

Deux bien jolis succès ; ça et le Saint-Gothard !

Mais vous êtes investis, mes braves gens !

La Prusse à Forbach, la Prusse derrière le Rhin, à Kehl, la Prusse derrière les Alpes, la Prusse derrière les Pyrénées.

Ceux qui aiment la Prusse peuvent se régaler, on en a mis partout....

Les éclats de rire rouleront à droite, à gauche, au nord, au midi, à la frontière luxembourgeoise, derrière Wissembourg, sur le Rhin, sur les Alpes, sur les Pyrénées, partout.

Si s'est cela la revanche de Sadowa, eh bien ! elle est complète...

Ah ! nous le savons, vienne un revers, on fera appel à ce bon, à ce brave peuple, qui a toujours fait son devoir; on fera de belles proclamations. Mais le peuple se rappellera alors que vous l'avez canardé à Aubin, à la Ricamarie, cerné au Creuzot, assommé sur les boulevards et dans les faubourgs, qu'en ce moment même vous essayez de l'écraser avec l'*Internationale*, et, *dédaigneux, il vous répondra :*

— *Je ne vous connais pas !*

Le peuple, lui, n'a rien à craindre.

Le jour où il a la puissance entre les mains, il n'a pas plus besoin des finasseries diplomatiques que du déploiement des gros bataillons pour faire respecter la chose publique.

Il a fait voir aux fameux tacticiens de l'école de Frédéric comment, avec des soldats improvisés, on battait les armées régulières.

Mais quand il trouve ces élans irrésistibles, *ce n'est jamais pour sauver les dynasties qui croulent, c'est pour faire respecter sa république à lui.*

———

Si M. de Gramont n'a pas en sa possession le dossier de l'affaire et que M. de Bismarck ainsi que le roi Guillaume lui répondent par une fin de non recevoir ; s'ils déclarent qu'ils ne savent pas le premier mot des négociations, qu'ils ne les ont apprises, comme le gouvernement français, que par les informations des journaux, que répondra le cabinet des Tuileries ?

La Prusse ne sera-t-elle pas dans son droit, en demandant une satisfaction *que le gouvernement français ne pourra lui refuser,* TOUS LES TORTS ÉTANT DE SON CÔTÉ ? — *F. Favre.*

———

Malgré cela, nous pensons que, *comme son intérêt personnel pourrait en souffrir,* le chef de l'Etat *n'engagera pas facilement une guerre contre l'Europe entière,* unie contre nous dans un même sentiment, grâce aux habiletés de la politique bonapartiste, et *qu'il n'hésitera pas, comme après Sadowa, comme après l'affaire de Luxembourg,* à désavouer les trop belliqueuses déclarations de son ministre. Peu importe au ministère une humiliation de plus ou de moins ; et notre diplomatie, partout dupée depuis dix ans, n'aura que peu à perdre à ce nouvel échec. — *E. Richard.*

Le Rappel

L'Italie ? Nous sommes chez elle en conquérants. Nous l'égorgeons à Mentana. Nous confisquons Rome. Les merveilles de nos chassepots font oublier les prodiges de Solférino.

L'Espagne ? Nous l'insultons gratuitement, nous lui disons tout bas : Fais un roi ; et quand elle dit : Si je choisissais cet allemand ?... nous répondons tout haut. C'est défendu !

Et toi, France, souffletteras-tu ainsi les deux nations que tu avais autrefois conquises par le rayonnement de tes idées, et *vas-tu donc, avec l'épée des Napoléon, défaire l'œuvre de Voltaire ?* — J. Claretie.

———

Jeter la perturbation dans les affaires, inquiéter la France entière, sonner de la trompette, battre du tambour, armer son fusil, tout cela avant d'être certain qu'il y a lieu d'armer son fusil, de battre du tambour et de sonner de la trompette, cela est le comble de l'absurdité. « Ils sont fous, » *disait hier la Gazette de Cologne.* — Lockroy.

Quelques jours plus tard, le *Réveil*, plus intelligible encore, disait, par la plume de M. Delescluze :

Nous savons aussi bien que personne que, fidèle aux traditions envahissantes de sa race, enivrés de ses faciles victoires de 1866, la maison de Hohenzollern aspire à fonder sa grandeur sur l'anéantissement de la liberté européenne, et qu'elle ne poursuit pas d'autre but en soumettant d'abord l'Allemagne entière à son hégémonie. *Aussi vienne le jour où ne relevant alors que d'elle-même, la France aurait à se défendre de ses attaques, et l'on verra si la Démocratie n'est pas la première au combat. Jusque-là, son unique, son impérieux devoir est de conjurer des conflits* préparés par les rois et dont l'issue, quelle qu'elle soit, ne peut être que défavorable à la liberté, puisque la victoire, où qu'elle se portât, ne servirait que le militarisme monarchique.

La presse parisienne (j'arriverai tout à l'heure à la province), en poussant le gouvernement à la guerre, était-elle l'expression du sentiment public ? Ici j'invoque l'impartial souvenir de tous ceux qui se trouvaient alors à Paris : qu'ils s'arrachent au présent, se recueillent une minute et se reportent par la pensée vers la semaine qui précéda la déclaration de guerre; qu'ils se rappellent ce qu'ils ont alors vu de leurs yeux, entendu de leurs oreilles, dans la rue, dans les salons, les cercles, les cafés, les théâtres et les boulevards, orageux comme un soir de révolution, et la *Marseillaise* partout impérieusement réclamée, frénétiquement accueillie, et cette cantatrice de l'Opéra, arrêtée par la foule et forcée de la chanter debout sur sa voiture; et les tables des cafés transformées en tribunes, et les soldats portés en triomphe, et M. Paul de Cassagnac, acclamé par le public, recevant une adresse des étudiants, et tout surpris de sa popularité... Car les étudiants, pour la première fois peut-être, ont rompu avec la gauche. Si M. Garnier-Pagès (il ne s'y risque point!) voulait, comme en 1867, pendant l'affaire du Luxembourg, leur faire signer une adresse amicale *Aux Etudiants de Berlin*, il serait mal reçu! Si (comme à la même époque) la Ligue de la Paix voulait intervenir, on la ferait taire sans ménagement.

N'est-ce point un de ses membres les plus actifs, un de ses orateurs les plus distingués qui s'élève aujourd'hui dans le *Monde*, avec indignation, contre les cris de *Vive la Paix* (1)! Oui, les fondateurs de la *Ligue de la Paix* poussent eux-mêmes à la guerre!... Quel nom donner au spectacle qu'offre alors la population de Paris? Est-ce de l'entraînement, de l'agitation? M. Thiers a trouvé le mot : c'est de l'*emportement*.

---

(1) M. Georges Seigneur.

Je sais qu'on a témoigné un grand dédain pour ces manifestations de la rue ; nous avons même eu la surprise de trouver l'expression de ce sentiment sur des lèvres officielles.

Étrange ingratitude ! Quoi ! le suffrage de la rue est sans valeur ? mais la République, que je sache, n'en a pas recueilli d'autre ? Les bandes qui criaient au mois de juillet *Vive la guerre*! n'étaient pas toutes, j'en conviens, beaucoup plus graves que celle qui acclamait, après Sedan, le gouvernement provisoire ; elles étaient du moins, tout le monde l'avouera, infiniment plus nombreuses.

Tel était l'état des esprits, quand la nouvelle se répandit tout à coup que le prince Léopold retirait sa candidature, que son père, le prince Antoine, venait de le notifier à l'ambassadeur d'Espagne, et que M. Olozaga en avait à son tour informé le duc de Gramont.

Ceux qui ont accusé le gouvernement impérial d'avoir provoqué la guerre ont prétendu que le ministère, vexé par cette solution imprévue qui dérangeait ses plans, avait aussitôt cherché les moyens de prolonger le différend et présenté étourdiment au roi de Prusse de nouvelles réclamations. Ils se trompent étrangement. Cette combinaison, qu'ils présentent comme une désagréable surprise, qui l'avait imaginée? qui l'avait indiquée? le gouvernement français lui-même. En voici la preuve. Dès le 8 juillet, lord Lyons écrivait au comte Granville :

Il y aurait cependant une autre solution de la question, et le duc de Gramont m'a prié d'appeler sur ce point l'attention particulière du gouvernement de S. M. Le prince de Hohenzollern pourrait de son propre mouvement abandonner la prétention à la couronne d'Espagne… Une renonciation volontaire du prince serait, selon M. de Gramont, une solution très-heureuse d'une question difficile et compliquée. Il prie le gouvernement de S. M. d'user de toute son influence pour y arriver. (Dépêche n° 15).

Mais cette combinaison qui supprimait notre grief, sans humilier la Prusse, le ministre des affaires étrangères entendait bien que le roi Guillaume n'y resterait pas étranger. On lui épargnait le désagrément de rétracter l'autorisation qu'il avait donnée; mais au moins fallait-il qu'en notifiant la décision du Prince à notre gouvernement, le roi Guillaume prouvât qu'elle était sérieuse, que sa candidature n'était pas, comme elle l'avait été déjà, provisoirement, mais définitivement retirée. « Si je te trompe une fois, c'est ma faute, deux fois c'est la tienne, » dit le proverbe. Par son déloyal procédé de 1869, le roi de Prusse nous imposait l'obligation de lui demander des garanties. Celle que nous réclamions de lui n'était certainement pas excessive. Elle restait bien au-dessous de ce qu'attendait l'opinion surexcitée. On ne le vit que trop vite.

A la Chambre, au Sénat, dans la presse et dans l'immense majorité du public, la dépêche du prince Antoine, du *père Antoine* (on ne disait pas autrement) fut considérée comme une mystification. Loin d'en être calmée, l'irritation en fut accrue.

Dans la salle des Pas-Perdus du Corps législatif on commente avec agitation la dépêche. Les uns affirment son authenticité, d'autres la nient. Personne n'y voit une satisfaction suffisante. Le *Français*, organe modéré, consciencieux, prudent du centre gauche, désirant la paix, mais une paix fière et sans faiblesse, le constate en ces termes :

> On est d'accord, dans la salle des Pas-Perdus, pour considérer que quand même il n'y aurait aucun doute sur l'authenticité de cette dépêche, elle serait bien loin d'avoir un caractère qui mit fin au conflit. C'est *de la réponse officielle* de la Prusse que tout dépend.

Quand le ministre vient apporter la nouvelle à la tribune, il y reçoit un accueil glacial. Il annonçait bien que tout n'était pas terminé, que les négociations continuaient. Mais puisque le ministère ne voulait point aborder d'autre question que celle de la candidature, à quoi les négociations pouvaient-elles aboutir ? à obtenir que le roi Guillaume garantît personnellement la décision de son neveu et endossât l'engagement du prince Antoine. Beau succès en vérité ! Tel était le sentiment de la Chambre : mille indices le révélaient.

Le duc de Gramont voulant, dans l'intérêt de la conciliation, dissimuler la personnalité du prince Antoine qui avait le don d'irriter le public, n'avait parlé que de la communication officielle de l'ambassadeur d'Espagne. « De qui émane la renonciation ? nous voulons le savoir ! donnez-nous le texte de la dépêche ! » lui dit-on à droite, au centre, à gauche même. « Il faut que la lumière soit faite ! » s'écrie M. Pelletan avec le ton de mystique emportement qui lui est habituel.

Plusieurs interpellations sont annoncées. M. Duvernois, pour laisser aux ministres le temps de se recueillir, ajourne la sienne au surlendemain. Le comte de Kératry, soutenu par ses amis, s'indigne de ces lenteurs :

> Je déclare que si vous renvoyez ces interpellations, vous faites absolument le jeu de la Prusse, le jeu de M. de Bismarck, et, en ma qualité de Français, je proteste énergiquement contre cette conduite. *(Très-bien! sur plusieurs bancs à gauche de l'orateur).*

Telle était l'hésitation de ce côté même de la Chambre qu'on s'attendait à voir M. Gambetta conseiller au ministère une attitude plus résolue, et que les partisans de la guerre l'en félicitaient à l'avance. Dans la salle des Conférences, il déclarait hautement avec une singulière violence de langage que la satisfaction offerte était dérisoire. A-t-il réellement manifesté l'intention de faire un discours en ce sens ? Ne l'ayant pas entendu, je ne puis l'affirmer. Mais la nouvelle en courait et plusieurs journaux la donnaient comme certaine (1). Pour l'y décider, la *Liberté* publiait les lignes suivantes :

> On nous dit que le cabinet éprouve « de patriotiques angoisses »,

---

(1) Le *Monde* dit, par exemple : « Les démocrates sont divisés, S'ils ont parmi eux des amis de la Prusse et des ennemis de l'Empire craignant par-dessus tout que la dynastie ne se retrempe dans la victoire, ils comptent aussi des esprits vraiment patriotiques pour lesquels le sentiment national absorbe les querelles de parti. M. Gambetta est de ce nombre. Il est frappé comme beaucoup d'autres du danger que finit par créer à la France, à l'Europe entière, cette ambition grandissante de la Prusse qui a besoin d'être contenue par le fer. »

et qu'il se montrerait disposé, *si le roi de Prusse empêche le prince Hohenzollern d'accepter la couronne d'Espagne,* à se contenter de cette mince satisfaction.

S'il en était ainsi, nous n'hésiterons pas à nous séparer du ministère avec la même énergie que nous avions mise à son service.....

La Chambre est comme les ministres, elle a besoin de popularité. Si le cabinet manque au pays, pourquoi ne lui forcerait-elle pas la main en pesant sur ses déterminations ? Il y aurait là pour la majorité, comme pour l'opposition, un beau rôle à prendre.

Qui s'en saisira ? Il y a un homme que son talent et son indépendance désignent pour cette grande initiative. Nous avons nommé M. Gambetta.

Aura-t-il la force et la santé nécessaires ?..

Au Sénat la déclaration ministérielle est aussi froidement accueillie qu'au Corps législatif. « Les sénateurs ne sont pas moins belliqueux que les députés, dit l'*Univers;* M. Bonjean ne parle pas autrement que M. P. David. — Cette rencontre des deux Chambres et des *divers partis* dans les Chambres a son importance. »

Nous venons de voir comment le Parlement envisageait la renonciation spontanée du prince Léopold. Voyons ce qu'en pensait la presse.

Les journaux connus pour être les organes du cabinet célèbrent la paix. M. Robert Mitchell, qui passait (non sans raison) pour recevoir les confidences et les inspirations les plus intimes de M. Emile Ollivier, écrit dans le *Constitutionnel :*

Le prince de Hohenzollern ne règnera pas en Espagne.

Nous n'en demandions pas davantage, et c'est avec orgueil que nous accueillons cette solution pacifique.

Une grande victoire qui ne coûte pas une larme, pas une goutte de sang !

Mais ce chant de victoire trouve peu d'écho. On raille cruellement l'optimisme de M. Mitchell, et je le vois encore navré des reproches qu'il recevait à ce sujet de toute part. Lui, dont le patriotisme devait peu de temps après s'affirmer avec éclat, il se voyait accuser, même par ses amis, de faire bon marché de l'honneur de la France : il n'en pouvait prendre son parti !

En dehors des feuilles ministérielles, deux ou trois journaux qui, par leur attitude ultra-débonnaire, avaient perdu tout crédit sur le public (à ce point que les partisans de la guerre ne se donnaient même plus la peine de les contredire ni de les réfuter), prenaient seuls au sérieux la solution proposée. Tous les autres attaquaient âprement le cabinet. Pour donner une idée de leur exaltation, je suis encore obligé de placer quelques extraits sous les yeux du public.

La Presse.

Les Satisfactions impossibles, (Article de M. de la Ponterie) :

Cette victoire, « qui ne coûte ni une larme, ni une goutte de sang, » dont parle le *Constitutionnel*, cette victoire serait pour nous *la pire des humiliations et le dernier des périls*. Que la Chambre intervienne donc. Qu'elle retrouve un de ces élans par lesquels elle a accueilli la déclaration du 5 juillet. Elle a soutenu la politique de la France quand cette politique était hardie et nationale. Qu'elle relève maintenant ceux qui voudraient faiblir.

Le 4 juillet nous avions à choisir entre la prudence et l'audace. Nous nous sommes prononcés pour l'audace. Aujourd'hui nous n'avons plus le choix qu'entre l'audace ET LA HONTE. Quel est l'orateur, à la tribune, ou l'écrivain, dans un journal, QUI NOUS CONSEILLERA D'HÉSITER ?...

Est-ce que la renonciation de ce prince diminue en rien les forces de la Prusse ? Est-ce que la situation de l'Europe en est modifiée ? Est-ce que les conséquences des événements de 1866 s'en développeront avec moins d'énergie ?...

Au lieu de sommer la Prusse de comparaître sur un champ de bataille, ou d'abdiquer ses ambitions, nous nous condamnerions à attendre son heure.

Du même :

Le courage est devenu notre véritable sagesse. Aucune faute ne serait plus lourde ni plus redoutable que de nous contenter aujourd'hui de satisfactions dérisoires. Il ne suffit pas qu'un colonel prussien renonce à quelque ambition ridicule. Il faut que la Prusse, par un acte de son gouvernement, reconnaisse les principes du droit public ; qu'elle les proclame et qu'elle fasse entrevoir ainsi la réparation de toutes les violences sur lesquelles elle a cherché, depuis quatre ans, à fonder sa grandeur...

C'est parce que certaines paroles échappées à M. le garde des sceaux ont pu nous faire redouter des satisfactions dérisoires, *que l'émotion d'hier a été si universelle et si poignante.*

Nous contenter de l'effet que nous avons produit ; nous montrer fiers de cette émotion générale de l'Europe, comme si nous étions surpris que l'on nous crût encore capables de quelque audace ; être des acteurs et hésiter ensuite à devenir des soldats ; c'est là, nous le répétons, une politique inacceptable pour nous, et c'est la politique que les deux Chambres ont entendu condamner hier.

Nous croyons que le gouvernement est appelé à délibérer encore sur l'issue possible des négociations. Qu'il ne dépasse pas la justice, mais qu'il tienne compte *de la force de l'opinion*.

L'Opinion Nationale.

Une Politique inconsistante. (Article de M. Ad. Guéroult) :

Depuis hier, toutes les feuilles amies du gouvernement répètent à l'envi que la paix est faite, que le différend est terminé, et qu'il faut se réjouir ; cependant personne ne se réjouit, personne n'est rassuré. Ce drame qui commence par une tragédie, pour finir comme une opérette, *ne satisfait personne*. L'opinion demeure *triste, désappointée, inquiète*.

Après avoir porté solennellement à la tribune les griefs de la France, avoir surexcité la susceptibilité nationale, avoir fait entrevoir une lutte terrible, puis, finir par emprunter à l'agence Havas le désistement du père Antoine, sans même que la Prusse ait consenti à sortir de son attitude de neutralité affectée, tout cela est triste, et, disons-le, un peu ridicule.

Du même :

En voyant le gouvernement français repousser avec tant de hauteur et de fermeté, l'intrigue Hohenzollern, nous nous étions dit : la France ne veut plus de la politique de concessions. Elle renonce à une patience mal récompensée, et veut profiter d'une mine éventée à propos, pour régler ses comptes avec la Prusse, et la faire rentrer, de gré ou de force, dans l'observation des traités.

La France presque entière, croyons-nous, l'avait compris de la sorte. *De là l'adhésion donnée à la crânerie du cabinet, et l'espèce d'allégresse avec laquelle on allait au-devant d'une guerre dont la gravité, pourtant, n'échappait à personne.*

On nous dit aujourd'hui que nous avons la paix. Quelle paix? Qu'avons-nous obtenu de la Prusse? Quel désaveu du passé? quelles garanties pour l'avenir? Rien. Le candidat prussien lui-même reste dans la coulisse ; c'est son papa qui vient nous annoncer son désistement.

L'Union.

Le *Constitutionnel* dit qu'il accueille avec orgueil cette solution pacifique. Voilà un orgueil qui ne sera pas contagieux... Notre pays a regardé en face cette œuvre de 1866 dont il paraissait avoir détourné les yeux, et qui se dresse comme une domination menaçante. Il a senti qu'il existe de l'autre côté du Rhin quelque chose qu'il faut abattre, et l'on se disait dans un premier accès de fièvre héroïque : faisons aujourd'hui ce qu'il faudra faire un jour ou l'autre pour ne pas encourir une déchéance immédiate. Voilà pourquoi la satisfaction que nous donne le prince Antoine ne répond pas à la grandeur des griefs ni à l'excitation des âmes. — *Poujoulat*.

Le Gaulois.

Le Sentiment national. (Article de M. Pessard) :

Paris a donné hier, la France donnera aujourd'hui le spectacle d'une grande nation plongée *dans la stupeur*, par une nouvelle qu'on salue ordinairement par des cris de joie.

Le maintien possible de la paix a produit l'impression qu'on ressent en apprenant que la guerre vient d'être déclarée.

Les cœurs se sont serrés.

Pourtant, en fait, une apparente satisfaction semble nous être donnée.

Nous avons interdit à la Prusse de placer ses princes sur les trônes vacants. Le prince de Hohenzollern se désiste, et malgré la hauteur de nos déclarations, le roi Guillaume cédera, dit-on, si ce n'est déjà fait.

C'est une victoire, disent les ministériels, une victoire morale, c'est Sadowa entamée, c'est la France ayant repris un certain rang dans le monde.

Et on est triste et sombre !

C'est que les masses, dix fois plus intelligentes que nos gouvernants, comprennent avec leur instinct profond que cette victoire pacifique coûtera, par ses conséquences fatales, PLUS DE SANG A LA FRANCE QUE DIX BATAILLES RANGÉES.

Bien des heures se sont déjà écoulées depuis le moment où la dépêche annonçant le désistement du prince de Hohenzollern a été communiquée aux députés et aux curieux qui assiégeaient le Corps législatif. Chacun a pu, depuis, rentrer en soi-même, s'interroger et examiner avec calme si la solution inattendue, communiquée par M. Emile Ollivier, n'était pas un bonheur pour tout le monde.

Eh bien, nous osons affirmer que les consciences, en proie au plus douloureux combat, ont répondu que de tous les maux le moindre était encore la lutte à bref délai, puisque la paix, si elle était faite dans les conditions annoncées aujourd'hui dans les couloirs du Corps législatif, serait une paix sans lendemain.

Et puisque, pour une raison quelconque, par faiblesse ou par imprudence, le cabinet n'a pas rempli sa mission, nous espérons que le Corps législatif fera son devoir et que le sentiment national, dans son expression modérée, ne sera pas blessé deux fois en deux jours.

L'Univers.

La renonciation des princes de Hohenzollern aura pour résultat, si elle est acceptée comme valable, de ridiculiser nos réclamations... Que faire ? Ne faudrait-il pas parler net et dire tout haut que la candidature du prince de Hohenzollern, bien qu'habilement retirée, a montré l'ambition de la Prusse et son devoir d'isoler la France, de l'entourer d'ennemis ; que, devant de tels projets, nous devons *tout au moins exiger la stricte observation du traité de Prague et que nous l'exigeons ?* — *E. Veuillot*

Le *Moniteur* se joint au *Constitutionnel*, au *Journal des Débats* et au *Temps* pour proclamer que nous avons la paix. Ce journal étant l'écho de M. Ollivier, on ne saurait s'en étonner ; mais la situation ne tourne pas à la paix, ET L'ON NE PEUT NIER QUE L'OPINION NE SOIT PRESQUE UNANIME A RÉCLAMER AU CONTRAIRE UNE ACTION ÉNERGIQUE.

Une guerre avec la Prusse serait *populaire* en France : les griefs anciens sont nombreux, l'intérêt actuel est certain et le droit suffisant. L'enthousiasme patriotique a pris les devants sur la diplomatie. Les négociations étaient à peine engagées entre les puissances intéressées au conflit que déjà les préparatifs militaires avaient lieu ; on traitait de la paix, et l'on ne parlait que de guerre.

L'opinion publique serait déçue si l'affaire venait à s'arranger par la diplomatie. On ne raisonne pas contre un sentiment, et ces froids dissertateurs qui ont entrepris de discuter les raisons d'une guerre contre la Prusse, ont perdu leur temps et CHOQUÉ L'OPINION. Il y a des moments où la sagesse consiste à se taire ou à parler comme tout le monde.

La guerre paraît donc probable parce qu'elle répond aux tendances du pays. Prétexte ou raison, l'occasion est bonne. La France ne peut pas laisser la Prusse s'agrandir davantage ; pour l'en empêcher, il faut l'amoindrir. C'est une question politique posée entre les deux peuples et qui ne peut se résoudre que par les armes. Mieux vaut aujourd'hui que demain.

Il est certain que la guerre eût déjà éclaté et que le gouvernement n'aurait pas imposé de délai à l'IMPATIENCE DU PAYS si nous eussions été assurés tout d'abord du concours ou du moins de l'assentiment des autres puissances de l'Europe.

Le Figaro.

La France ne désire pas la guerre, mais elle ne la redoute pas.

On l'a, par une provocation, fait sortir de son calme et de son assiette. Elle veut des garanties. Le ministère comprendrait mal le caractère français si, après avoir ressenti si vivement et si promptement l'injure faite à la France, il se contentait, comme on le dit ce soir, de satisfactions banales, évasives et sans certitude d'avenir.

Le ministère ne doit être ni guerrier, ni pacifique, ni cassant, ni facile. Il doit être Français et agir en Français. D'ailleurs, tandis que les Prussiens ont intérêt à gagner du temps, nous avons intérêt à n'en pas perdre. — *J. Richard.*

Était-il donc besoin de mettre en jeu l'honneur national ? — Non. D'ailleurs, que le cabinet et que le chef de l'Etat y songent, si l'accord se fait entre la France et la Prusse, sans autre satisfaction pour la première fois que l'abandon par le prince Hohenzollern de sa candidature au trône de l'Espagne, la Prusse y gagnera l'adhésion de la France aux infractions qu'elle a faites au traité de Prague. — *J. Richard.*

Que fera le ministère aujourd'hui ?

La guerre ou la paix ?

Ni la paix ni la guerre. Si nous sommes bien informé, et nous croyons l'être, si l'indignation qui prend tous les Français au cœur devant les incapables et les naïfs qui, dans un jour de folie, ont rêvé de gouverner leur pays, n'éclaire pas en haut, demain le cabinet du 2 février déclarera que, sans être satisfait des événements, il n'en est pas mécontent, que la Prusse s'est exécutée sur le seul point qu'on lui eût indiqué, qu'il n'y a donc pas lieu de continuer l'incident.... L'honneur et le sort de la France sont confiés désormais au patriotisme et à la prudence du Corps législatif et du Sénat.

Nous ne comptons plus, pour terminer l'affaire honorablement, que sur les grands corps et le chef de l'Etat... et sur la nation. — *J. Richard.*

Le National.

C'est une paix *sinistre* que celle dont on nous parle depuis vingt-quatre heures.

Pourquoi ne nous parle-t-on pas de cette réponse prussienne, puisqu'elle est arrivée ?

Pourquoi ne la publie-t-on pas aussi bien que le télégramme du père Antoine ?

Pourquoi, par ce silence singulier, laisser croire que cette réponse est taillée sur le patron des derniers articles des feuilles prussiennes ?

Pourquoi laisser supposer que le roi Guillaume n'a pas d'explications à donner sur un fait qui n'existe plus.

Espère-t-on que la joie que le pays va éprouver par suite de la prudence montrée par le père Antoine n'en demandera pas davantage, et passera facilement sur les termes de la réponse, qui porte probablement des traces de la griffe de M. de Bismarck ?

Non! le pays ne se laissera pas leurrer.

Il veut la paix, mais il veut une paix solide et assurée.

Il ne veut plus d'une paix armée et ruineuse telle que celle que lui impose l'ambition prussienne.

Le Monde.

La renonciation du prince de Hohenzollern est-elle une solution? Nous ne le croyons pas… La candidature Hohenzollern était une injure ajoutée à d'autres injures, c'était la goutte d'eau qui fait déborder le verre. La goute d'eau est retirée, mais le verre reste plein, plein des bravades de la Prusse, de ses menaces contre la paix de l'Europe et l'honneur de la France, et tant que le verre ne sera pas vidé jusqu'à la dernière goutte le danger sera imminent. Nous désirons la paix plus que personne; c'est pour cela que nous la voulons certaine, glorieuse et fortifiée des garanties qui en assurent la durée… A la déclaration faite par M. de Gramont, toute la France avait répondu. Les partis avaient, spectacle rare, oublié leurs querelles… Les occasions perdues ne se retrouvent pas. Voilà pourquoi nous sommes en droit de *demander au gouvernement* de ne pas cette fois se contenter de promesses, d'espérances, mais d'**exiger des gages**. — *A. Ravelet.*

Ainsi le roi de Prusse refuserait de rassurer la France, de rassurer l'Europe par une déclaration nette et précise : nous n'avons pas besoin de dire à quel point cette déclaration serait grave, combien ce refus rendrait illusoire la renonciation du prince Léopold et combien, *en pareil cas, la guerre serait inévitable.* — G. Seigneur.

La France manifeste pour la guerre un enthousiasme extraordinaire. Partout, au Sénat, au Corps législatif, A LA BOURSE, AU PALAIS, DANS LES ÉCOLES, dans la rue, les mêmes sentiments se manifestent, les mêmes cris retentissent…. Le sentiment populaire est là, puissant, s'échauffant d'heure en heure et FORMANT UN COURANT IRRÉSISTIBLE.

La Liberté.

M. Arago disait hier : « Si les questions posées par le gouvernement sont complexes et de nature à soulever d'autres discussions que l'incident Hohenzollern, nous serions malheureusement obligés de les considérer comme offrant d'autres prétextes à une déclaration de guerre. »

Le mot de prétexte employé par M. Arago a le sens que voici: Le gouvernement veut la guerre. Le conseil donné par M. Arago équivaut à celui-ci : L'incident Hohenzollern doit rester isolé.

Nous ne partageons pas cet avis.

Nous qualifiions hier de maladresse l'acte de la Prusse autorisant le prince Léopold à accepter le trône d'Espagne, parce que cet acte a fourni à la France l'occasion de s'occuper d'affaires qui lui étaient habilement closes jusqu'ici.— H. *Vrignault.*

A qui restera la victoire? Au roi de Prusse, si le cabinet ne tombe pas. A la France, si le cabinet tombe.

Après la double déclaration faite par M. le duc de Gramont devant le Sénat et le Corps législatif, après l'accueil glacial dont le langage du gouvernement a été l'objet de la part des deux Assemblées, le bruit s'est répandu de la démission partielle du cabinet.

Les journaux *prussiens* continuent à célébrer la victoire remportée par le cabinet du 2 janvier.

Paris-Journal.

Qui diable se serait douté que nous aboutirions à ce joli résultat?

Quoi ! tant de rodomontades pour sortir par le trou de la serrure?

M. de Bismark nous a encore joués par-dessous jambe. Heureusement que nous y sommes habitués.

Evidemment la candidature espagnole était pour le gouvernement français une occasion excellente, et qui ne se retrouvera plus, de rappeler à la Prusse qu'il existe une France frémissante depuis Sadowa.

Mais si l'on voulait arriver à un résultat pratique, il fallait, dès le début, agrandir la question et la faire prussienne en même temps qu'espagnole. Vous nous jetez un candidat de votre famille dans les jambes, nous profitons de l'incident pour vous demander un règlement de comptes.

A une question ainsi posée, la Prusse était obligée de répondre par un *oui* ou par un *non*. Nous avions une paix assurée ou la guerre immédiate; dans l'un et l'autre cas, c'était une solution...

Si quelque chose m'étonne, c'est qu'après le triomphe diplomatique qu'il vient d'obtenir, le cabinet tout entier ne soit pas appelé à d'autres fonctions.

Article de M. Alfred Assolant :

Cette fois, c'est trop. Le gouvernement actuel *lui-même* ne pouvait supporter en silence un pareil affront... Bismarck s'est trompé. Nous ne sommes plus en 1866. Si l'Empereur peut déclarer la guerre ou conclure la paix sans notre permission, la France tout entière le regarde...

Si la guerre s'ensuit, c'est un mal épouvantable, mais nécessaire...

Les homélies de M. Garnier-Pagès font honneur à sa naïveté et à la douceur de ses mœurs, mais elles n'empêcheront pas M. de Bismarck de nous faire partout des ennemis, de préparer continuellement la guerre et de nous réduire par degrés à n'être plus qu'une puissance de troisième ordre, aussi peu comptée en Europe que la Saxe et le Wurtemberg.

La France républicaine ne le supporterait pas : la France monarchique ne doit pas le supporter davantage.

Le Soir.

ÉCHOS DES CHAMBRES :

L'enthousiasme est grand à la Chambre. S'il y a une déclaration aujourd'hui, le Corps législatif croulera sous les applaudissements...

Si la déclaration n'arrive pas, ce sera plus qu'un désappointement, plus qu'une déception, ce sera un immense éclat de rire, et le cabinet restera noyé dans son silence. Hier, quand on était à la paix, on donnait déjà à cette paix un assez joli nom. Les historiens l'appelaient *boiteuse*, comme celle qui précéda la Saint-Barthélemy ; mais les ignorants l'appelaient tout simplement une paix.... non, il est impossible de vous dire comment ils appelaient cette paix-là. C'est un très-vilain mot, qui a cours dans les marchés forains, mais qui ne se dit à la Chambre qu'en petit comité, en très-petit comité, et dans les couloirs...

Entre M. Maurice Richard. On le questionne, il interroge. Évidemment il veut se rendre compte par ses propres yeux. S'il rapporte exactement ce qu'il a vu, il peut dire à l'Empereur que la Chambre est une immense bouteille de Leyde.

Le Français.

Tout en conseillant au ministère de ne pas se laisser entraîner trop loin par les exaltés, M. Thureau-Dangin dit :

Si le gouvernement ne s'est pas contenté d'un désistement qui étouffait comme en secret cette candidature, et s'il a demandé à la Prusse de ROMPRE OUVERTEMENT le dessein auquel il avait eu tort de mettre la main, il n'y a encore dans cette démarche rien que l'Europe ne doive comprendre et *approuver*.

Après avoir cité un passage de la *Correspondance du Nord-Est* disant que le gouvernement français veut une lettre écrite par le roi de Prusse à l'Empereur, le *Français* dit encore :

La *Correspondance du Nord-Est*, qui nous transmet ce document, ajoute *avec raison* qu'on ne trouvera pas exagéré la demande qui s'y trouve formulée.

Le lendemain, le même journal dit qu'on pense

que le cabinet de Berlin *notifiera officiellement* la renonciation au gouvernement français, et que celui-ci n'en demandera pas plus.

Quant aux feuilles qui prêchaient la paix quand elles croyaient le gouvernement à la guerre, elles ont, depuis qu'il incline à la paix, une façon de pousser à la conciliation toute particulière.

Ainsi :

La Gazette de France.

Les conditions dans lesquelles triomphe le gouvernement sont telles, que M. Émile Ollivier n'a pas cru devoir en parler hier à la tribune, c'est dans un couloir de la Chambre et à la salle des Pas-Perdus qu'il a jeté aux députés la nouvelle pacifique.

La salle des Pas-Perdus était bien, en effet, le meilleur endroit pour proclamer ce résultat. Les pas et les démarches qu'on a faits si anxieusement depuis huit jours étaient bien inutiles, s'il ne s'agissait que d'obtenir le simple désistement du prince Charles, confirmée par son père Antoine et accueillie par le roi de Prusse.

La France entière pensait que le gouvernement, ayant résolu de prendre sa revanche de Sadowa, croyait le moment venu d'engager une partie sérieuse contre la Prusse ; on prenait le différend hispano-prussien pour un prétexte, car il en faut toujours un, et l'on croyait à une guerre prompte, *énergique et réparatrice*....

Mais il faut rendre cette justice à M. le comte de Bismarck : toutes les nouvelles arrivées depuis trois jours à Paris affirmaient que le ministre prussien n'a pas douté un seul instant de la paix. Il a jugé du premier coup nos hommes d'État à l'œuvre; il sait ce qu'on peut attendre d'eux, en dépit des apparences.

C'est très-fort. — G. Janicot.

———

Puisque le point unique de nos réclamations nous est acquis, à savoir que le prince Léopold ne sera pas roi d'Espagne, de quoi peut-il être encore question? Evidemment, ou M. de Gramont n'a pas tout dit, ou on ne négocie plus que pour la forme et pour obtenir de la Prusse une déclaration *qui confirme le caractère définitif* de la renonciation du prince Léopold. Cette déclaration, *la Prusse qui n'a aucun intérêt, pas même un intérêt de dignité, à la refuser, n'hésitera pas à la faire*, et M. de Gramont l'apportera, sans doute, demain au Sénat et au Corps législatif, avec la pensée d'en tirer parti pour donner le change à l'opinion publique sur la déplorable façon dont toute cette affaire Hohenzollern a été conduite.

Mais l'opinion publique ne se laissera pas facilement abuser. — G. Janicot.

Le Siècle

Quoiqu'il en soit des intentions secrètes de nos gouvernants, il nous paraît impossible qu'ils ne se déclarent pas satisfaits. Nous sommes même très-portés à croire qu'ils vont monter au Capitole et entonner un chant de triomphe. C'est d'ailleurs ce que fait déjà ce matin le *Constitutionnel*.

Quant à nous qui avons souhaité ardemment le maintien de la paix, nous ne pouvons que nous réjouir de voir s'éloigner les perspectives de guerre.

Mais notre satisfaction, disons-le toutefois, n'est pas sans mélange....

Qui nous répond que dans trois mois, dans six mois, la question du Nord-Sleswig, la question des rapports entre l'Allemagne du Nord ne nous condamneront pas aux mêmes alarmes? — E. Ténot.

———

La France repousse toute solidarité avec les hommes qui peuvent à ce point la compromettre La paix pouvait être honorable; ils feront si bien qu'elle sera ridicule et éphémère. — L. Jourdan.

———

La perspective d'une issue pacifique de la lutte n'est pas accueillie avec grand enthousiasme par les journaux. Petit est le nombre de ceux qui se déclarent absolument satisfaits et célèbrent ce résultat comme une victoire de la politique française. *Les fanfares du Constitutionnel n'ont pas trouvé d'échos.*

Nous comprenons très-bien les regrets de ceux qui, résignés à la guerre, la jugeant inévitable pour un jour plus ou moins prochain, se disaient qu'après tout, mieux valait en finir, à tous risques, que de perpétuer une situation intolérable par l'état d'insécurité où elle nous force à vivre.

Cette manière de voir n'est pas la nôtre ; nous ne pensons pas qu'une lutte armée entre la France et l'Allemagne soit le moyen d'en finir avec le malaise dont l'Europe est redevable aux violences prussiennes de 1866 ; nous croyons que la guerre ne résoudrait rien ; mais, répétons-le, ceux-là du moins sont dans la logique qui se plaignent de voir le gouvernement menacer de tirer l'épée pour un motif futile, et la rengainer ensuite sans avoir obtenu satisfaction pour les griefs sérieux. — *E. Ténot.*

Ainsi cette paix dont le gouvernement avait la simplicité de se réjouir, qu'il croyait ingénûment faire accepter au pays comme une victoire morale, tout le monde, sauf les journaux prussiens, en est *triste, inquiet, désappointé, sombre* ; on en a *le cœur serré* ; elle plonge Paris dans la *stupeur* ; c'est une *déception*, une *mystification* ; c'est *la pire des humiliations et le dernier des périls* ; c'est une paix *boiteuse*, une paix *dérisoire*, une paix *borgne*, une paix *honteuse*, une paix *sinistre*, une paix *ridicule*, une paix … innommable ; une paix enfin qui coûtera *plus de sang à la France que dix batailles rangées.*

Et les rares journaux qui répudient ces violences, que conseillent-ils au gouvernement ? D'être sage, modéré, prudent, c'est-à-dire… de se contenter d'un désaveu officiel du cabinet de Berlin, « d'une déclaration qui confirme le caractère définitif de la renonciation ; » simple formalité dont la *Gazette de France* parle avec quelque dédain, tellement elle est facile à obtenir, difficile à refuser.

Et qu'on ne l'oublie pas! quand les journaux (même les plus modérés) reconnaissaient la nécessité d'une garantie officielle, ils ne savaient pas combien les procédés antérieurs de la Prusse rendaient cette garantie désirable ; ils ignoraient la comédie de 1869 (1).

Passons à la rue.

Nous y retrouverons le même spectacle que les jours précédents, avec une nuance nouvelle de menace et de sédition. On conspue le ministère. Une manifestation hostile se dirige contre la Chancellerie. On déchire le pacifique *Constitutionnel* et on le jette au ruisseau. On entoure la voiture de l'Empereur aux cris de *Vive la guerre!* poussés d'une voix

---

(1) Ce fait relevé tardivement, avait pourtant une importance considérable. Les témoignages les moins suspects l'attestent. Un correspondant du *Temps* lui écrivait de Bâle, à la date du 4 août, que les sentiments de la Suisse à notre égard s'étaient plusieurs fois modifiés pendant le cours des événements : « Quand la candidature de Hohenzollern a été posée, dit-il, on a été assez généralement d'avis que la France ne pouvait tolérer cette nouvelle audace de M. de Bismarck. Quand ensuite la France a demandé des garanties, on a pensé qu'elle élevait des prétentions excessives.

« Quand on a lu plus tard la lettre de M. Benedetti, datée de 1869, dans laquelle il était question déjà de cette candidature et de la parole d'honneur de M. de Thile, *on a estimé que la France avait des motifs pour demander des garanties.* »

impérieuse et irritée. Le quartier latin fermente.

Un témoin impartial, lord Lyons, écrivant au comte Granville, dépeint ainsi l'état des esprits :

> L'excitation du public et l'irritation de l'armée étaient telles qu'il devenait douteux que le gouvernement pût résister au cri poussé pour la guerre, *même s'il était à même d'annoncer un succès diplomatique décidé.*
>
> On sentait que lorsque l'article prussien paraîtrait dans les journaux du soir, il serait très-difficile d'arrêter la colère de la nation, et l'on pensait généralement que le gouvernement se sentirait obligé d'apaiser l'impatience en déclarant formellement son intention de tirer vengeance de la conduite de la Prusse. (Dépêche n° 60).

Telle était l'atmosphère au milieu de laquelle le gouvernement devait délibérer. Telles étaient les passions, les ardeurs, les impatiences sous la pression desquelles il devait prendre un parti.

C'est de ce moment que date réellement la guerre. Il ne faut en rechercher l'origine ni plus haut, ni plus bas. C'est entre le 12 et le 14 juillet qu'elle fut moralement déclarée, non par la volonté du ministère, mais par la volonté impérieuse, impatiente du pays, s'exprimant à la fois par tous ses organes : Chambre, presse et manifestations publiques.

A cette date, la première phase du différend est terminée ; une nouvelle phase commence. Jusqu'à ce jour le ministère n'avait suivi que ses inspirations ; depuis ce jour il cède aux inspirations du dehors. Il avait dirigé ; il obéit (1).

---

(1) C'est à ce moment qu'eut lieu la conversation entre deux Anglais

On voudrait trouver dans la déclaration trop comminatoire du duc de Gramont, la cause réelle de la guerre. On se plaît à dire qu'après une telle « esclandre » un conflit était inévitable. C'est une erreur attestée par les faits. L'*esclandre*, nécessitée par l'urgence des événements, avait pleinement réussi: elle avait produit le résultat que le gouvernement en attendait, la solution qu'il avait lui-même suscitée : le désistement du prince Léopold.

Sans doute le ministère avait subsidiairement réclamé la garantie du roi de Prusse. Mais c'était là une question susceptible, à coup sûr, de nuances et d'accommodements. La garantie pouvait être implicitement ou explicitement donnée. On aurait pu, sur ce terrain, transiger sans déshonneur : le gouvernement le pensait du moins ; il le pensait si bien, que le 13 juillet il considérait la paix comme assurée, et le disait.

Pressé par le mouvement de l'opinion, que fit le ministère ? Aborda-t-il de nouvelles questions ? Suscita-t-il de nouvelles réclamations ? Parla-t-il de 1866 et de tout ce qui s'était accompli depuis, comme on le lui conseillait de tant de côtés différents ?

Non. Il demanda simplement au roi de Prusse ce

---

et l'Empereur qu'a rapportée le *Daily Telegraph*, et dans laquelle Napoléon III disait que son gouvernement avait voulu maintenir la paix, mais que la France lui avait « *glissé des mains.* »

qu'il lui avait demandé dès le début, ce que la reine d'Angleterre, l'Empereur de Russie, *le roi de Bavière lui-même* (1), lui conseillaient d'accorder (2) : de s'associer par un acte quelconque à la démarche du prince Léopold ; il lui demanda cette garantie qu'en pareille circonstance, l'Angleterre pour le prince Alfred, la Russie pour le duc de Leuchtemberg, la France pour le duc de Nemours n'avaient pas hésité à fournir ; cette garantie que la plupart de nos journaux déclaraient insuffisante, et que la *Gazette de France* traitait si dédaigneusement. Il ne demanda rien de plus ; mais il se décida à n'accepter rien de moins. Il resta sur le terrain où il s'était placé le premier jour, mais il s'y tint plus fermement. S'il envoya de nouvelles instructions à M. Benedetti, ce ne fut pas pour modifier les premières : ce fut pour les maintenir dans leur intégrité. Ce fut pour renouveler sous une autre forme sa première prétention.

Le cabinet devait-il alors se retirer ? On l'a dit. Son intérêt pouvait en effet le lui conseiller. Sa dignité ne lui en faisait pas un devoir, car les événements ne le forçaient pas à se contredire, ils l'empêchaient seulement d'atténuer son propre langage. Ils ne l'obligeaient pas à prendre une nouvelle atti-

---

(1) « Que le roi, demandait-on à Munich, veuille bien adhérer à la doctrine déjà admise par les grandes puissances, laquelle exclut des trônes vacants en Europe les princes des familles royales de ces grandes puissances. » — *(Résumé historique des négociations qui ont précédé la guerre)*.

(2) Voir les dépêches publiées par le *Foreign-Office*, nos 41 et 49.

tude, mais à conserver rigoureusement, sans fléchir, celle qu'il avait lui-même adoptée.

Au surplus, ce n'est point de l'intérêt, de la dignité des ministres que nous nous occupons ici. La seule chose qui puisse nous intéresser, c'est de savoir si leur retraite eût produit pour le pays un avantage quelconque. — Elle n'en eût produit aucun.

Si le cabinet Ollivier-Gramont se fût retiré après le désistement du prince Léopold, il eût été remplacé par un cabinet *plus belliqueux* ; nier cela, c'est nier la lumière du jour.

Le ministère resta donc, espérant obtenir du roi de Prusse la garantie qu'il lui avait demandée, mais doutant que la Chambre, la presse, l'opinion se tinssent pour satisfaites de cette concession, et, nous l'avons vu par la dépêche de lord Lyons, ils n'étaient pas seuls à en douter.

Telle était la situation quand le gouvernement français apprit que le roi de Prusse entendait réserver l'avenir, refusait de prendre aucun engagement, même de communiquer officiellement la renonciation du prince. Il s'était contenté de faire dire par l'un de ses aides de camp à M. Benedetti, qu'il l'approuvait (pouvait-il faire autrement ?) mais seulement comme il avait approuvé l'acceptation, c'est-à-dire en qualité de chef de famille, non de souverain ; que c'était son dernier mot, qu'il n'avait pas besoin de connaître les nouveaux arguments que notre ambassadeur disait avoir à lui soumettre, et refusait de les entendre : puis, il s'était empressé de faire connaître à toutes les grandes chancelleries d'Europe, par l'entremise de ses agents, de quelle façon sommaire il avait clos le débat.

En mesurant la portée de la satisfaction qui nous étaient donnée, et celle du mauvais procédé qui l'accompagnait, le gouvernement français pouvait-il voir dans ce dernier incident une atténuation ou une aggravation des torts de la Prusse ? Poser la question, c'est à mon sens la résoudre.

Le Conseil se réunit, délibéra longuement, pendant huit heures, assure-t-on, et décida que la France ne pouvait tolérer cette façon d'agir ; que si la Prusse refusait de nous donner des garanties, nous devions en prendre, et qu'en conséquence il allait — non déclarer la guerre, — mais demander à la Chambre s'il ne lui semblait pas que l'honneur national rendît cette cruelle extrémité nécessaire. Car il avait promis au Corps législatif de ne rien faire sans lui, et quand il avait pris cet engagement, tout le monde en avait reconnu l'importance :

On aperçoit ici, avait dit le *Journal des Débats*, la différence *fondamentale* qui existe entre le régime parlementaire et le gouvernement personnel, en ce qui concerne les affaires extérieures Les paroles et les actes du chef du gouvernement engageaient immédiatement la nation sous le précédent régime ; sous le régime actuel, au contraire, les paroles et les actes du chef d'un cabinet responsable n'engagent que lui-même, et il dépend toujours de la Chambre *de donner le dernier mot à l'opinion publique* pour la solution des questions extérieures aussi bien que des questions intérieures. C'EST DONC A L'OPINION PUBLIQUE QU'IL APPARTIENT EN CE MOMENT DE MANIFESTER SA VOLONTÉ. Si la marche suivie par le cabinet est conforme au sentiment public, la Chambre consultée se chargera de la ratifier, sinon elle laissera le cabinet en minorité sur cette question comme sur toute autre.

Les ministres tenaient leur parole. Ils apportaient au Corps législatif des impressions, des intentions, non des actes accomplis. Un changement de cabinet, un vote suffisait pour replacer la question au point où elle était la veille.

Mais l'Empereur ? dira-t-on, — vous ne parlez pas de l'Empereur, et c'est lui cependant qui menait tout.

Eh bien ! non, mille fois non. C'est là une erreur radicale ; et sur ce point je dois insister.

Beaucoup de gens se refusaient à croire, en effet, que l'Empereur eût fait sincèrement l'abandon de ce pouvoir souverain qu'il avait si longtemps exercé. Pour eux, les ministres étaient de purs mannequins, que Napoléon III, caché dans la coulisse, faisait mouvoir à sa guise. En vain les ministres les moins suspects de complaisance affirmaient leur entière liberté d'action ; en vain ils démontraient, par les preuves les plus catégoriques, que l'Empereur se renfermait strictement dans ses prérogatives et remplissait avec loyauté, bon vouloir et bonne grâce (si ce n'est peut-être avec une foi absolue) son rôle nouveau de souverain constitutionnel. Ces incrédules ne voulaient pas se laisser convaincre. Ils voyaient partout la preuve d'une attache avec le passé, d'un regret, d'une arrière-pensée. Chaque jour, l'Empereur, averti, leur enlevait un grief. Ils en trouvaient d'autres. Il n'en resta bientôt plus qu'un : le maintien du pouvoir constituant aux mains du Sénat. Le pouvoir constituant du Sénat disparut à son tour. Enfin, l'initiative impériale, ayant détruit à l'intérieur le dernier vestige du passé, les sceptiques durent se réfugier à l'extérieur.

L'Empereur, dirent-ils, s'est réservé les affaires étrangères. Pendant qu'il laisse ses ministres délibérer au dedans, il agit seul au dehors ; il choisit pour ambassadeurs des confidents de sa politique personnelle, il correspond directement avec eux : et, comme preuve décisive, on citait le maintien du général Fleury à Saint Pétersbourg. « Le général Fleury à Saint-Pétersbourg » était le *tarte à la crème* de ceux qui ne voulaient pas, malgré tout, se rendre à l'évidence. Ils se cramponnaient à ce suprême argument. C'était, en effet, leur dernière ressource.

M. Thiers figurait parmi les incrédules. Il n'admettait pas qu'après avoir possédé un tel pouvoir, on pût s'en dessaisir ; il croyait le cabinet dominé par la volonté impériale. Aussi pendant que la redoutable question de la guerre ou de la paix s'agitait, il disait volontiers : « L'Empereur est opposé à la guerre, je le sais, nous ne l'aurons donc pas. »

Eh bien ! je le répète, on se trompait. Napoléon III prenait au sérieux sa situation nouvelle. Les ministres avaient dans ses conseils l'autorité qui leur était due. S'il gouvernait encore, c'était en suivant sur toutes choses leur inspiration.

A l'incrédulité volontaire, à la négation aveugle, au dénigrement systématique, au parti pris, je n'aurais certes pas la prétention d'opposer mon humble témoignage, J'opposerai un témoignage plus considérable, je veux dire moins facile à récuser, le témoignage inespéré de la *Commission des papiers secrets* elle-même. Elle a, sans en comprendre la portée, laissé passer quelques lignes, qui peuvent en effet paraître insignifiantes aux esprits superficiels, mais dont les autres saisiront l'importance. D'ailleurs, nous devons bien, pour rétablir la vérité, nous contenter des petits faits, la Commission ayant assez de clairvoyance pour apercevoir les gros et les retenir au passage.

Dans l'un des premiers fascicules de sa publication figure une pièce intitulée: *Lettre confidentielle de M. de Verdière, attaché au général Fleury* (1), *à M. Amiot (chef du bureau télégraphique faisant partie du cabinet de l'Empereur) sur les événements intérieurs et extérieurs.*

Dans cette lettre, datée du 9 février 1870, on lit:

> Notre chiffre est très-commode... Nous ne nous servons pas souvent de celui que nous avons avec l'Empereur, et, entre nous, je puis vous dire que nous sommes un peu attristés de voir que, de ce côté, on ne nous donne *aucun signe de vie*. Vous me dites

---

(1) Le baron de Verdière est depuis près de vingt ans l'aide de camp du général Fleury.

vous-même que vous souffrez de cette ANNIHILATION (pardon pour ce mot) de celui qui a conduit nos destinées pendant vingt ans. Je comprends assez qu'il s'applique à ne pas blesser les susceptibilités de ses nouveaux ministres en correspondant lui-même avec un ambassadeur qui a contre lui cette condition particulière d'être un vieux serviteur de son prince. Mais s'il ne veut pas parler politique extérieure, ne saurait-il donner quelquefois un simple souvenir d'amitié ?

Après avoir chaleureusement approuvé l'avènement des nouveaux ministres et leur attitude libérale à l'intérieur, le confident du général Fleury ajoute :

Je suis moins satisfait d'eux à l'extérieur. La politique du règne de Louis-Philippe se reproduit et s'accentue. Nous en faisons nous-même l'expérience. Chaque dépêche du comte Daru nous lie bras et jambes, et nous sommes exposés à ne tirer aucun profit de l'excellente situation acquise ici par le général. Toute la politique extérieure se résume dans le désir extrême de ne laisser se produire aucune difficulté. L'intention est louable sans doute ; mais c'est souvent en exagérant la réserve que l'on laisse justement aux difficultés la possibilité de se produire. Si Bismarck savait (et il le saura) que nous ne voulons rien dire ni rien faire, qui donc et quoi donc le gêneraient ?

Voilà quels étaient les rapports particuliers, mystérieux, extra-constitutionnels de Napoléon III avec son ambassadeur à Saint-Pétesbourg. Voilà à quel point était fondé le suprême argument de ceux qui s'obstinaient à représenter ses ministres comme les dociles instruments de sa politique personnelle. Voilà la vérité prise sur le fait, sans fard, et même en déshabillé. Mais l'indiscrétion n'est point de notre fait ; et elle aboutit si bien à la confusion de ses auteurs, que nous n'avons vraiment pas le courage de la leur reprocher.

C'est donc un point acquis : l'Empereur, selon le vœu de la constitution nouvelle, suit fidèlement les inspirations de ses ministres, c'est-à-dire celles de la Chambre dont ils sont les organes. Si les ministres lui conseillent la paix et si la Chambre ne les désavoue pas, il maintiendra la paix. Il leur dit à plusieurs reprises : « Faites-moi connaître la volonté du pays et j'y obéirai : je n'ai plus désormais d'autre rôle. » Mais ses ministres, après une longue délibération, lui conseillent la guerre. Et quels sont ces ministres? Ont-ils un goût déterminé pour les aventures? M. de Gramont peut-être garde rancune à la Prusse. Mais à côté de lui qui voyons-nous? MM. Chevandier de Valdrôme, Segris, Plichon, Mège, Maurice Richard, Louvet, qui ont toujours soutenu la politique sage, prudente, parcimonieuse, un peu timide du centre droit et du centre gauche, M. Émile Ollivier qui, depuis 1866, ne cesse de prêcher la conciliation, la concorde, la tolérance à l'égard de la Prusse ; ce sont enfin les signataires du programme dont le premier article était : LA PAIX.

On se présente donc devant la Chambre.

Que s'y passe-t-il? De cette séance comme de toutes les circonstances qui ont précédé la déclaration de guerre, le public semble avoir conservé un souvenir très-vague, une impression très-infidèle. Ici encore nous devons rétablir la vérité par une brève analyse.

Le cabinet expose la situation, conclut à la guerre.

dépose une demande de crédits et réclame l'urgence. Toute la Chambre se lève, moins quelques membres de la gauche, dont je n'oublierai jamais l'attitude embarrassée devant l'unanime protestation de leurs collègues et des tribunes, non plus que les efforts répétés pour esquiver la contre-épreuve. Je vois encore l'un d'eux, ne pouvant se résoudre à rompre avec ses amis, ni à les imiter, et trouvant une pose intermédiaire entre l'*assis* et le *levé*. Ces députés, poussés par nos désastres à la tête des affaires, se targuent aujourd'hui de leur patriotique résistance au *caprice d'un despote*... Ah! je l'affirme, le patriotisme n'a pas cette mine piteuse. Il est plus fier, plus sûr de lui. Les membres de la gauche votant contre l'urgence, n'avaient pas la sérénité que donne la certitude du devoir accompli. Ils sentaient bien qu'au lieu d'écouter la grande voix d'en haut ils cédaient à des suggestions subalternes, et que la haine de l'Empire dominait en eux l'amour du pays.

Quand ils votaient contre la guerre, ils ne redoutaient pas la défaite, ils redoutaient la victoire. Ils ne voyaient pas le prestige de la France entamé : hélas! nul n'y songeait alors! ils voyaient le prestige de l'Empire accru (1). Moins prudents,

---

(1) Croirait-on que la passion nous inspire ces reproches? Un juge désintéressé, cent fois plus sévère que nous-même, plus sévère que la vérité, la *Gazetta d'Italia*, dont tout le monde connaît le caractère, disait récemment : « Le gouvernement actuel a prétendu que la capitulation de Metz et celle de Sedan étaient criminelles. Pour notre part, nous connaissons quelque chose de bien plus criminel : c'est l'étrange indifférence avec laquelle, du 2 août au 4 septembre, les répu-

leurs journaux l'avouaient sans détour (1). On lisait ces aveux, on les commentait. Puis, en invoquant l'expérience du passé (2), on ajoutait

blicains assistèrent au massacre de tant d'hommes qui, pour eux, n'étaient pas des soldats de la nation française, parce qu'ils combattaient sous les aigles impériales. Que parlons-nous d'indifférence! Jusqu'à la catastrophe de Sedan, les républicains de Paris attendaient avec anxiété les nouvelles du théâtre de la guerre, tremblant d'apprendre quelque grande victoire de l'Empereur, alors que toutes leurs espérances reposaient sur sa défaite, et avec raison, comme ne l'a que trop prouvé l'événement. »

(1) « Veut-on que les choses se passent au gré des batailleurs des Tuileries? Les Prussiens sont battus, le chassepot l'emporte et les « angoisses patriotiques » de M. Rouher n'ont plus de raison d'être. Savez-vous ce qui arrivera? Enivré de son triomphe, le gouvernement personnel redeviendra plus exigeant que jamais, et la liberté, à peine entrevue dans un lointain douteux, sera pour dix ans peut-être refoulée dans les limbes dont il ne faudra pas moins qu'un miracle pour la faire sortir. » *(Réveil,* 14 juillet. — *Ch. Delescluze).*

— « Si l'armée française est victorieuse, nous sommes dans la main de Napoléon III, — si elle était vaincue, nous serions, — et ce serait assez humiliant, — dans les mains du roi Guillaume. » *(Rappel,* 13 juillet).

« La France n'a rien à gagner à la guerre, la liberté a tout à y perdre. » *(Temps).*

— « Heureusement, quelles que soient les fautes commises par nos gouvernants, la France possède une armée admirable de bravoure et de discipline. Elle a prouvé sa supériorité en trop de circonstances pour que l'on n'ait pas dans l'issue de la campagne la plus grande confiance. Nous ne sommes préoccupés que de l'usage qu'entend faire le gouvernement de nos victoires! » *(Gazette de France,* 17 juillet. — *G. Janicot).*

« J'entends l'objection : si le gouvernement français est vainqueur, il appesantira nos chaînes. Beaucoup de gens sensés le craignent et n'ont pas d'autres raisons de redouter la guerre.

« Et moi, je vous dis au contraire : la guerre, c'est la délivrance. *Paris-Journal. — A. Assollant).*

(2) Surtout celle des débats, des polémiques de 1866 et 1867, qui faisaient dire à M. Guéroult : « Il ne faut jamais juger mal de son

que si le gouvernement eût digéré l'affront de la Prusse, les membres de la gauche eussent été les premiers à bafouer sa couardise, à mettre en relief son humiliation : que le nom de Hohenzollern fût devenu dans leur bouche, comme celui de Sadowa, un grief éternel et quotidien. Aussi, dans la salle des Pas-Perdus, les couloirs, les tribunes, les jugeait-on comme on devait les juger le soir sur les boulevards et le lendemain dans les journaux, — durement !

L'urgence est votée. La discussion s'engage. M. Thiers se lève. Il blâme la guerre. On connaissait ses idées sur les agrandissements de la Prusse : on le croyait partisan de la guerre ; on s'étonne. On s'étonne surtout quand il a fini de parler. Il n'a produit en effet pour la paix qu'un argument : la guerre avec la Prusse est nécessaire, mais il faut la déclarer pour une question allemande !

Et voici quel en était le développement : la Prusse s'était mise dans son tort. Elle nous avait

---

prochain ; cependant si l'on pouvait croire au mois d'août dernier que le parti de la guerre avait envie de pousser le gouvernement à faire quelque sottise, serait-il déraisonnable de supposer aujourd'hui que les belliqueux du mois d'août ne sont devenus pacifiques qu'afin d'empêcher le gouvernement d'entreprendre une guerre juste, nationale, opportune, et dans laquelle toutes les chances de succès seraient de son côté ? *De tous les maux que la guerre peut produire, un succès du gouvernement ne serait-il pas celui qu'on redouterait le plus ? Le désir de lui voir faire ou de lui faire faire des fautes, la crainte de le voir réussir, ne serait-ce pas là le secret de tant d'évolutions, l'unité mystérieuse d'une conduite en apparence si variable, si contradictoire ?* » — *L'Opinion Nationale*, 30 avril 1867).

provoqué. L'Europe, saisie par nous, lui donnait tort et réclamait d'elle une satisfaction. Cette satisfaction est obtenue, puisque la candidature a disparu. Le droit n'est donc plus pour nous. Sans droit nous perdons les sympathies de l'Europe. Sans les sympathies de l'Europe nous ne pouvons combattre la Prusse. Quel jour le droit, c'est-à-dire le concours de l'Europe sera-t-il de notre côté? Le jour où M. de Bismarck franchira le Mein. C'est ce jour qu'il faut savoir attendre.

Il y avait là une inexactitude assez grave. Ce que la Russie, l'Angleterre, la Bavière même avaient demandé pour nous, ce que cette dernière puissance devait solliciter encore à la date du 18 juillet (trois jours après cette séance!) c'était un acte officiel du gouvernement prussien : cet acte nous avait été formellement refusé (1). M. de Kératry, se séparant de ses amis politiques répondit à M. Thiers :

> Je mets en fait qu'après la déclaration du cabinet à laquelle j'ai applaudi tout le premier, vous n'avez obtenu aucune espèce de satisfaction de la Prusse... M. Thiers dit qu'il faut attendre une occasion favorable. Eh bien! je prétends, moi, qu'il n'y a pas seulement occasion favorable, qu'il y a motif absolu de faire la guerre. Voilà une question qui n'est nullement allemande, et c'est parce que M. de Bismarck sent fort bien que le terrain est mauvais, qu'il ne vous a pas déclaré la guerre, il y a huit jours; mais si vous retardez, comme M. Thiers vous le demande, vous laissez aux canons prussiens le temps de se charger.

---

(1) M. de Verther a déclaré, dans une dépêche, que M. Gramont ayant insinué que le prince s'était sans doute désisté à la demande

« Par un rare bonheur, en effet (comme le disait le *Monde*), comme le répétaient après lui plusieurs journaux, la guerre se trouvait n'être qu'une guerre d'ambition prussienne, une question de famille dégagée de tout intérêt allemand. » C'était la seule occasion où l'on pût espérer l'alliance de l'Autriche. (Par suite de quelles circonstances cette alliance ne s'est pas conclue, nous le verrons plus tard). Quant aux sympathies de l'Europe, hélas ! on sait ce qu'elles valent ! L'Europe est devenue terriblement apathique. L'unification de l'Allemagne lui arrachera, peut-être, une protestation diplomatique : rien de plus. Si, pour agir, nous attendions son aide, sa permission (c'est le ministre belliqueux de 1840 qui la réclame !) nous n'agirions jamais. Avant peu tout le monde reprocherait au gouvernement d'avoir laissé échapper cette conjoncture exceptionnelle où il rencontrait la Prusse hors de l'Allemagne (1), la Prusse dis-

---

du roi, il s'était empressé de protester, et qu'il avait été blâmé par son gouvernement pour avoir laissé énoncer tout au long cette impertinente hypothèse.

Un autre détail montrera combien le gouvernement français se montrait accommodant et, tout en cherchant à obtenir une garantie quelconque, voulait ménager la dignité du roi. Le 13 juillet, M. de Gramont écrivait à M. Benedetti : « Peut-être pourriez-vous, en recevant du roi la nouvelle de la renonciation du prince de Hohenzollern, lui dire : Sire, Votre Majesté est garante de la parole du prince, car elle n'ignore pas que, comme puissance, nous n'avons pas de rapports avec le prince, et que par conséquent, devant le pays, notre garantie officielle est dans la parole du roi. » *(Résumé historique des négociations qui ont précédé la guerre).*

(1) Parmi les nombreux journaux qui, sans désirer la guerre, trou-

traite, absorbée par son travail intérieur et peu disposée à faire la guerre : c'est du moins M. Thiers qui l'affirmait lui-même huit jours auparavant : — ainsi raisonnait-on.

Mais, — ceci est le point intéressant à étudier. — M. Thiers disait-il toute sa pensée ? N'avait-il point d'autres raisons de s'opposer à la guerre, que la raison peu décisive qu'il invoquait ? Derrière l'argument produit, y avait-il un argument sous-entendu ? En un mot, M. Thiers avait-il prévu nos désastres, pressenti les causes de notre infériorité ? Dans la séance du 11 août, après nos premières dé-

---

vaient l'occasion très-bonne pour nous, très défavorable à la Prusse se trouvait précisément le *Journal de Paris*, c'est-à-dire celui où la personne et les idées de M. Thiers avaient toujours trouvé le plus fidèle appui.

Les journaux furent généralement, pour l'illustre orateur, aussi sévères que la Chambre : trois exemples seulement :

« Ce qui n'a pas de nom, c'est la conduite de M. Thiers, de ce même M. Thiers qui souffle le vent depuis quatre années et s'étonne aujourd'hui de récolter la tempête; de ce même M. Thiers qui a tant crié contre Sadowa, et qui se fâche aujourd'hui d'un effort national qui a pour but de le réparer ; de ce même M. Thiers qui s'indigne parce qu'on fait en ce moment ce qu'il a toujours conseillé de faire. » — (*Le Soir*).

« Comment ! M. Thiers qui nous disait, il n'y a pas huit jours : M. de Bismarck est pacifique, M. de Bismarck n'entreprend rien contre nous ; » M. Thiers, avec l'orgueil qui ne l'a jamais abandonné, M. Thiers ne veut pas convenir que son infaillibilité s'est démentie. » — (*L'Opinion Nationale*).

« M. Thiers a eu le déplorable courage de se faire l'avocat de S. M. Guillaume 1er. M. Thiers considère décidément que la France a été trop exigeante. Il a l'audace de le redire dans sa réplique à M. le garde des sceaux ! » — (*Le Monde*).

faites, M. Thiers, expliquant ainsi son attitude du mois précédent, l'a dit :

> Messieurs, je puis aujourd'hui vous avouer que, lorsqu'il y a quelques jours, je vous suppliais de réfléchir avant de déclarer la guerre, il y a une chose que je ne vous disais pas, parce que je ne pouvais pas le dire, c'est que la France n'était pas prête.

Eh bien ! nous verrons (dans un autre chapitre) et nous prouverons, par ses propres paroles, que loin de pressentir la cause de notre infériorité, loin d'apercevoir notre côté faible, celui par lequel nous devions être atteints, M. Thiers avait manifesté à cet égard et fait partager à beaucoup de ses collègues, les plus dangereuses illusions.

D'ailleurs, nous avons peine à comprendre pourquoi, possédant un secret si grave, si nécessaire à constater, M. Thiers l'eût gardé pour lui. Par patriotisme ? Quoi ! il n'hésitait pas à légitimer par avance le mauvais vouloir de l'Europe, en le présentant comme inévitable et naturel, en proclamant que, n'ayant pas le bon droit de notre côté, nous ne méritions pas ses sympathies, — et il eût hésité à nous faire connaître une insuffisance sur laquelle les événements allaient se prononcer ! Que son témoignage sur ce point fût confirmé ou infirmé par les faits, en quoi pouvait-il nuire à notre cause ?

Le discours de leur illustre collègue avait remonté le courage des membres de la gauche. Malheureusement il ne leur avait pas fourni beaucoup d'arguments ; aussi furent-ils réduits à reproduire ce discours, avec moins de ménagements. Où M. Thiers avait glissé, ils appuyent lourdement; et l'on entend M. Emmanuel Arago émettre cette étrange proposition :

Le bon droit n'est pas pour nous (*Exclamations*). PAR PATRIOTISME, par amour pour mon pays, JE VOUS SUPPLIE DE ME LAISSER VOUS LE DÉMONTRER.

M. Jules Favre déclare qu'on ne peut s'en rapporter à la parole des ministres : l'analyse qu'ils ont faite des documents diplomatiques peut-être mensongère ; en conséquence on doit communiquer à la Chambre les dépêches échangées entre le gouvernement et son ambassadeur en Prusse. M. Buffet, bien que convaincu de l'entière loyauté du cabinet, estime pourtant qu'en matière aussi grave la Chambre ne saurait être entourée de trop de lumières, et que le gouvernement devrait faire passer sous les yeux d'une commission toutes les pièces du procès.

Les ministres ne s'opposent pas à cette proposition qui est votée par 83 membres : ce sont ces 83 députés qu'après le 4 septembre (et je crois dans un document officiel) on a représenté comme ayant voté *contre la guerre !*

La séance est suspendue; la Commission se forme : toutes les nuances de la Chambre, la droite, le centre droit, le centre gauche, la gauche même (dans la personne de M. de Kératry) y sont représentés. Elle choisit pour rapporteur M. le marquis de Talhouët, c'est-à-dire le type même de l'honneur, de la sagesse, de l'indépendance et de la probité, M. de Talhouët, à qui son caractère avait en toute circonstance valu l'unanimité des suffrages, et qui, pour le dire en passant, avait voté avec les 83. Ce choix par lui seul est décisif.

La façon dont le rapporteur remplit sa tâche achèvera d'en marquer le caractère.

La Chambre se réunit à 8 heures. M. de Talhouët monte à la tribune. D'un ton grave, solennel, fier, il affirme que la Commission, selon le vœu de la Chambre, a tout vu, tout entendu ; elle s'est particulièrement édifiée sur le télégramme annonçant aux agents du roi de Prusse que ce dernier avait éconduit M. Benedetti, document dont la gauche cherchait à infirmer l'authenticité :

Des pièces chiffrées ont été mises sous nos yeux, dit-il, et comme tous vos bureaux l'ont bien compris, le secret de ces communications télégraphiques doit être conservé par votre Commission, qui, en vous rendant compte de ses impressions, a conscience de son devoir vis-à-vis de vous-même comme vis-à-vis du pays.

Le sentiment profond produit par l'examen de ces documents est que la France ne pouvait tolérer l'insulte faite à la nation, que notre diplomatie a rempli son devoir en circonscrivant ses légitimes prétentions sur un terrain où la Prusse ne pouvait se dérober comme elle en avait l'intention et l'espérance.

En conséquence, Messieurs, votre Commission est *unanime* pour vous demander de voter les projets de la loi que vous propose le gouvernement. Nous vous le répétons : à nos sentiments personnels se sont ajoutées de nouvelles convictions fondées sur les explications que nous avons reçues ; et c'est avec l'accent de la confiance dans la justice de notre cause et animés de l'ardent patriotisme que nous savons régner dans cette Chambre, que nous vous demandons, Messieurs, de voter ces lois, parce qu'elles sont prudentes comme instruments de défense et sages comme expression du vœu national.

Comme M. de Kératry, M. Guyot-Montpayroux se détache avec éclat de la gauche et appuye les conclusions du rapport :

Je pense que la Prusse a oublié ce qu'est la France d'Iéna, dit-il, et qu'il faut le lui rappeler. En parlant ainsi, je réponds au sentiment de la *presque unanimité* de ceux qui m'ont envoyé dans cette enceinte. Je traduis l'opinion de l'*immense majorité* du pays.

Les autres membres de la gauche ne se rendent pas. Mais n'ayant aucun principe, aucune raison sérieuse à invoquer, ils se traînent dans les arguties les moins dignes de l'heure et de l'intérêt débattu (1).

---

(1) Voici comment l'attitude des membres de l'opposition était appréciée le lendemain, par des journaux qui leur étaient ordinairement sympathiques :

« La gauche hier, il faut bien le dire, quelque regret que j'en aie, la gauche *s'est oubliée*. Avant le sentiment national, avant la prudence qui lui commandait de ne point affaiblir l'élan français ; avant le sentiment de patriotique réserve qui s'imposait à tous, elle a fait passer ses rancunes, ses appréhensions. *Les paroles qu'a prononcées M. Arago pèseront certainement un jour sur lui et sur ceux qui les ont approuvées.* Quant à M. Thiers, mieux eût valu pour sa mémoire que sa carrière se fût terminée avant cette journée.

« Comment ! c'est par les petits côtés, c'est par les questions d'étiquette et de procédure que la gauche a vu cette discussion. Ce qu'elle a voulu établir, ce dont elle a cherché la preuve méticuleuse, c'est le plus ou moins de courtoisie du refus éprouvé par notre ambassadeur ! Ce qu'elle voulait peser, ce n'étaient pas les grandes raisons d'honneur et de sécurité pour le pays, c'étaient les termes d'une dépêche. Selon que le roi de Prusse ou M. de Bismarck aurait *éconduit* ou *refusé de voir* notre ambassadeur, la guerre sera ou ne sera pas nationale !...

« Certes, de cette double séance il restera chez tous ceux qui y ont assisté un souvenir profond et une certaine tristesse ; mais aussi tous ceux qui, de bonne foi, consulteront leur souvenir, y trouveront

M. Gambetta cherche à prouver que l'affront reçu par notre ambassadeur n'est pas officiellement prouvé. M. de Piré l'interrompt par ce mot : « Vous faut-il donc le coup d'éventail du Dey d'Alger ? » Le futur ministre de la guerre, qui devait affirmer quatre mois plus tard que « les républicains tant calomniés sont les vrais patriotes, » répond :

M. de Piré me parle du coup d'éventail du Dey d'Alger? A merveille. Mais il oublie que c'est la politique de la Restauration, et que nous sommes sous le régime du suffrage universel ! M. de Piré peut conserver son souvenir historique, il n'est pas

---

la justification sérieuse et complète des actes de la France. » — *(L'Opinion Nationale)*.

« Dix hommes qui prétendent personnifier la France libérale, dix députés choisis par des électeurs français pour défendre les intérêts de la patrie, n'ont pas craint au lendemain d'une insulte flagrante, en face d'une guerre fatale, à la veille d'une action décisive pour l'honneur français, de refuser péremptoirement les subsides qui doivent aider nos soldats à venger l'affront que nous avons reçu.

Que leurs noms soient connus !

Ce sont MM. Arago, Desseaux, Esquiros, Jules Favre, Gagneur Garnier-Pagès, Glais-Bizoin, Grévy, Ordinaire, Pelletan.

En agissant ainsi, ils n'ont pas servi la cause démocratique, ils l'ont trahie.

Ils n'ont point adopté les traditions de leur parti, ils les ont répudiées.

Ils n'ont point écouté leur conscience, mais leur orgueil. » — (*Le Soir*).

Dans la *Liberté*, un article intitulé : *le Patriotisme de la gauche* taxait de faute grave la conduite de l'opposition et se terminait ainsi :

« Nous ne doutons pas que tous les vrais amis de la liberté y mettront les mains.

« Quant aux autres, il nous a malheureusement été donné d'entendre des paroles qui nous éclairent et nous prouvent que nous avons eu raison de tenir certains esprits pour les pires ennemis de la liberté. »

de mise... Vous vous êtes senti blessé, outragé par des procédés qui sont graves, que je veux croire aussi graves que vous le voudrez ; mais CE NE SONT QUE DES PROCÉDÉS. Il y a la dépêche elle-même; il y a les termes employés. Il faut que nous la voyons. Il faut que nous la discutions avec vous.

De divers côtés. — Mais on l'a discutée dans les bureaux.

M. Gambetta entend mal l'interruption. Il ne saisit pas le dernier mot, et reprend :

Oui, messieurs, dans les bureaux. Parfaitement ! J'ADMETTRAIS QUE LA COMMISSION SEULE EN CONNUT ET LA RAPPORTAT.

Tel est son dernier mot. Malheureusement ce dernier mot est obtenu. Cette communication qu'il réclame et qu'il déclare suffisante, elle a été faite. Cette dépêche qu'il faut donner à la Commission, on la lui a donnée.

M. le duc d'Albuféra. — La commission l'a lue.
Plusieurs voix à gauche. — Lisez-la !
M. le duc d'Albuféra. — Nous affirmons l'avoir lue. Si vous ne nous croyez pas, nommez d'autres commissaires.
MM. Magnin et Glais-Bizoin. — Il nous faut la dépêche !

M. Gambetta poursuit :

La note de M. de Bismarck a-t-elle été communiquée à tous les cabinets d'*Europe*, ou seulement à tous les cabinets *du sud de l'Allemagne* ? C'est une distinction essentielle.

Puis, lui qui déclarait à l'instant se contenter d'une communication faite à la Commission, voyant que cette satisfaction lui a été donnée, il ajoute aussitôt :

S'il est vrai que cette dépêche soit assez grave pour avoir fait prendre cette résolution, vous avez un devoir, ce n'est pas de la communiquer seulement aux membres de la Commission et à la Chambre, c'est de la communiquer à la France et à l'Europe, et si vous ne le faites pas, votre guerre n'est qu'un prétexte dévoilé, et elle ne sera pas nationale.

M. Emile Ollivier veut répondre. La gauche lui crie : « Publiez la dépêche ! »

MM. d'Albuféra, de Talhouët, de Kératry, tous les autres membres de la commission sont encore forcés d'affirmer sur l'honneur qu'ils n'ont point menti, et qu'ils ont lu la dépêche. Quant à la « distiction essentielle » posée par M. Gambetta, M. le marquis de Talhouët ajoute :

Nous avons lu les dépêches de *quatre ou cinq de nos représentants dans les différentes cours de l'Europe*, qui reproduisent ce document presque exactement dans les mêmes termes.

Et malgré ce mot d'un député : « La continuation de cette discussion est indigne d'une Chambre française, » cette pénible discussion se poursuit encore pendant une demi-heure.

Or, est-il besoin de le dire, l'entière exactitude des assertions du gouvernement et de la Commission, si violemment mises en doute, a été nettement établie ; les notes publiées par le cabinet de Berlin lui-même (1), ont prouvé que l'un et l'autre avaient

---

(1) Une communication du cabinet de Berlin dit en effet, en parlant du télégramme dont l'existence était si vivement contestée par la gauche, réduite à cette seule ressource : « Ce télégramme a été communiqué pour gouverne, textuellement tel que les journaux le reproduisaient, aux gouvernements de l'Allemagne du Nord auprès de quelques cours de l'étranger comme nouvelle sur la nature des récla-

atténué plutôt qu'exagéré le caractère du document prussien.

On vote enfin : 247 députés accordent les crédits; 10 les refusent.

---

mations de la France et sur la ferme résolution du roi de ne pas les prendre en considération. »

Quinze jours plus tard, après un mûr examen, éclairé par de nouveaux documents, un écrivain dont personne ne contestera la sincérité, la raison ni l'impartialité, M. Ch. de Mazade résumait l'incident en quelques lignes qui lui assignaient son vrai caractère :

« La Prusse est et doit rester la provocatrice évidente par la manière même dont elle a engagé cet incident qui a provoqué l'explosion, comme par sa politique tout entière, par l'inexorable logique de la situation qu'elle s'est faite... Le roi entend n'être pour rien dans tout cela, il n'a pas réclamé la renonciation du prince de Hohenzollern ; il n'a rien à sanctionner, et c'est si bien le terrain sur lequel on voulait se maintenir, que lorsque M. de Gramont, dans une intention évidemment conciliante, insinue à M. de Verther que le prince avait renoncé à sa candidature sur la demande du roi, l'ambassadeur se hâte de rectifier et d'assurer que son souverain n'a rien demandé. M. de Verther rapporte ici-même ce fait dans une dépêche où il rend compte de cette conversation qu'il a été blâmé d'avoir accepté...

« Si l'acte de renonciation avait eu lieu effectivement par l'intervention du roi, c'eût été un acheminement vers la paix. M. de Gramont le déclarait sans hésitation à lord Lyons, en l'autorisant à transmettre sa déclaration au gouvernement anglais. LA VÉRITÉ EST QUE LE ROI GUILLAUME N'ACCORDAIT RIEN ET NE VOULAIT RIEN ACCORDER, entendait garder sa liberté pour en user selon les circonstances, comme il le disait, et ce n'est pas seulement à la France qu'il refusait toute concession, il résistait aux suggestions de l'Angleterre aussi bien qu'à celles de la Russie. La Prusse s'est trompée, elle n'avait pas prévu cette explosion soudaine et IRRÉSISTIBLE de la France... Ce qui est certain, c'est que la France n'a fait que se défendre et relever un défi. C'était une offensive témérité de plus dans une situation qui, par elle-même, était une provocation permanente... Et maintenant qu'elle aille combattre cette armée gardienne des destinées de la France qu'un mouvement IRRÉSISTIBLE a emporté de toutes les parties du pays vers le Rhin. » (*Revue des Deux-Mondes*, 1ᵉʳ août 1870).

— 85 —

La guerre est déclarée.

Elle est accueillie par un cri d'enthousiasme. Les sénateurs eux-mêmes reçoivent une ovation à leur sortie du Luxembourg. Le Sénat acclamé par le quartier latin ! Spectacle nouveau, assurément (1). Ce que furent les boulevards ce soir-là, par quels hourras frénétiques ils saluèrent les premiers régiments qui défilèrent, — on ne peut l'avoir oublié.

On se rappelle peut-être moins le langage des journaux ; quelques extraits seront encore nécessaires pour le rappeler :

La Liberté.

LA GUERRE DE L'INDÉPENDANCE.

... La France est debout; NON PLUS LA FRANCE D'AUTREFOIS, D'IL Y A QUELQUES ANNÉES, QUI SUBISSAIT UNE POLITIQUE ET LA soldait sans murmurer; mais la France qui vient de renaître à la liberté, et qui ne saurait mieux célébrer ce réveil admirable qu'en entreprenant, résolue, généreuse et désintéressée, pour l'Europe,

---

(1) « La foule attend le passage des voitures et les acclame. Ces pauvres sénateurs ne sont pas habitués à pareille fête. L'émotion est considérable dans le quartier latin, » dit un rédacteur du *Français* qui a vu ce dont il parle. — D'autre part, on lit dans le *Gaulois* :

« Depuis *cinq heures*, le *quartier* est agité. On se promène, on s'interroge. Quelques étudiants reviennent du Corps législatif, d'autres du Sénat.

Six heures. — La guerre est déclarée — Vive la guerre ! On assiége les kiosques, on s'arrache les journaux, les cafés s'emplissent, des groupes se forment. — Vive la France !

Sept heures, huit heures. — Les groupes s'épaississent, les journaux (2ᵐᵉ édition) arrivent. Toutes les nouvelles sont accueillies avec des cris, commentées, discutées.

Les étudiants sont décidément pour la guerre. »

pour elle-même, pour l'Allemagne enfin, pour tous ceux qu'opprime ou menace l'ambition du vieux Guillaume.

La guerre de l'indépendance ! — *(H. Vrignault).*

Nous n'avons cessé depuis quelques jours de réclamer la guerre.

Nous l'avons appelée de tous nos vœux. L'avenir, un avenir prochain, dira si nous avons eu tort ou raison.

En notre âme et conscience, nous déclarons qu'en agissant de la sorte, en demandant la guerre, nous avons obéi à un devoir que nous prescrivaient, en dehors de toute autre considération, la dignité et l'honneur de la France. — *(L. Détroyat).*

La Presse.

LA GUERRE NATIONALE.

Les cris de guerre qui retentissaient hier sur nos boulevards vont maintenant remplir la France et soutenir notre armée dans la lutte héroïque à laquelle nous provoque l'insolence de la Prusse. Les résolutions de guerre, que nous allons apprendre, N'ÉMANENT PAS DU GOUVERNEMENT. *Le gouvernement était irrésolu ; il voulait, dans quelques-uns de ses chefs, du moins, se laisser arrêter par des concessions dérisoires. Ces résolutions sortent* DES ENTRAILLES MÊME DU PAYS. Elles résument toute l'irritation du sentiment national contre le système d'asservissement qui semblait vouloir s'appesantir sur l'Europe, et notre patience, depuis quatre ans, lassée par une dernière audace. — *(La Ponterie).*

Le Soir.

LA GUERRE DES HONNÊTES GENS.

La guerre est déclarée depuis une heure.

Elle était inévitable depuis huit jours.

Elle était prévue depuis quatre ans par les esprits politiques.

Dans la presse, les journaux révolutionnaires ont été pris subitement de la manie évangélique : *Pax vobiscum*, ou la mort ! M. Michelet et M. Louis Blanc maudissent la guerre à tour de rôle dans un journal semé de petits tambours et intitulé le *Rappel*. Que signifient ces tambours, si la guerre la mieux fondée, la plus légitime, la plus indispensable à la sécurité nationale est un crime ? Remplacez-les par des guitares, ou dites franchement que vous battez le rappel de la guerre civile, que les combats vraiment humains sont ceux de la rue, et qu'il n'est pas permis de s'égorger, sinon entre frères. Les ennemis d'un gouvernement, quel qu'il soit, peuvent toujours le blâmer, quoi qu'il fasse. S'il évite les querelles, on l'accuse d'humilier la nation ; s'il va en guerre, on lui reproche de verser le sang des soldats. En revanche, les officieux trouve moyen d'applaudir indifféremment la paix et la guerre. *Comment savoir la vérité ? Qui doit-on croire en ces matières où la moindre erreur de jugement peut causer des maux irréparables ? Le gros bon sens du peuple est encore le meilleur conseiller, et c'est l'opinion la plus vulgaire qui est la vraie.*

Le paysan, l'ouvrier, le marchand ont cent raisons pour une d'aimer la paix, mais lorsqu'ils sentent que l'intérêt général est en danger, ils ne se dépensent pas en pleurnicheries humanitaires, ils n'épiloguent pas sur les prétextes, ils ne demandent pas si le gouvernement a besoin de se faire une popularité ; ils disent tout simplement : va pour la guerre ! Faisons-la bonne, puisqu'il n'y a pas moyen de l'éviter, et plaise à Dieu que celle-ci soit la dernière !

Ou je me trompe fort, ou telle est depuis une huitaine l'opinion des Français tranquilles et modérés. L'horreur des violences, l'amour du genre humain, la tendresse du frère français pour le frère prussien n'existent plus ni sous la blouse ni sous l'habit.

Vous ne les retrouverez que sous la carmagnole. — (*E. About*).

L'Opinion Nationale.

A travers ses péripéties douloureuses, ses convulsions et ses crises, dans ses plus grandes phases d'abaissement, la France a toujours gardé ce sentiment de justice, cet instinct de solidarité qui sera la sève du monde à venir.

La France se bat pour une idée ; la France se bat pour les autres: la France se bat pour le droit et pour l'équité. Qu'elle se batte donc une fois de plus, puisque l'épée décide encore !

Et nous, républicains, démocrates, socialistes, citoyens de la patrie idéale, rentrons dans la patrie réelle, et soutenons-la dans sa lutte, sans nous inquiéter des hommes ni des choses qui nous divisent. Trêve, pour le moment, à nos disputes intestines.

Il s'agit de savoir qui l'emportera dans le monde moderne de l'idée prussienne ou de l'idée française. Cette guerre est plus qu'une guerre : pensons à tout cela ! — (*E. Nus*).

Le Monde.

La Chambre a été stupéfaite quand elle a vu quelques-uns de ses membres, en faible minorité, hâtons-nous de le dire, protester par leur vote contre LA GUERRE LA PLUS JUSTE, LA PLUS NÉCESSAIRE ET LA PLUS OPPORTUNE... M. le garde des sceaux a exprimé le sentiment de la France en s'étonnant de ces longs débats dans une question si claire et en demandant à la Chambre de passer des paroles aux actes.

———

Oui, ces deuils déjà commencés, ces larmes déjà versées, tout cela est devenu un mal nécessaire, un mal inévitable... Le gouvernement de l'Empereur a connu cette vérité politique quand il a CÉDÉ noblement, admirablement A L'AME DE LA FRANCE.

———

Si l'ennemi est prêt avant nous *les inutiles et scandaleuses discussions* qui ont retenti vendredi au Palais-Bourbon, auront contribué à cette avance. Les plus cruels ennemis du gouvernement parlementaire n'auraient pas pu s'y prendre autrement pour le déshonorer aux yeux du pays (1).

———

(1) Il est curieux de comparer le langage que tiennent aujourd'hui les journaux avec celui qu'ils tenaient alors. Nous ne pouvons les citer tous. Prenons comme exemple celui qui se pique le plus de conscience et de probité. A propos du manifeste de Napoléon III, le

Enfin tel est le mouvement général de la presse, qu'un journal, après l'avoir analysé, conclut ainsi:

> La presse est, pour ainsi dire, unanime.
> On ne saurait trop blâmer — et plaindre! — les quelques feuilles, soi-disant libérales, qui croient devoir protester contre le sentiment que la patrie a si chaleureusement exprimé, — et dont les rédacteurs se tiennent à l'écart, renonçant ainsi volontairement à leur plus beau privilége: l'honneur d'être Français. — (*Paris-Journal*).

Des députations du Sénat, du Corps législatif se rendent à Saint-Cloud, pour y porter les vœux des deux assemblées. L'Empereur atteste, en leur répondant, qu'il tire l'épée sur l'injonction du pays. Un seul journal songe-t-il à le contester?... Quelques jours plus tard il adresse une proclamation à la France, une autre à l'armée. On y trouve la même idée, qui reparaît également dans l'ordre du jour qu'un membre du gouvernement actuel (ses collègues le renieront-ils?) adresse à l'escadre (1).

Monde disait récemment: « Chacun, sans efforts de mémoire, peut se rappeler l'état des esprits il y a un an. A quelle époque *l'opinion publique a-t-elle demandé la guerre?* QUEL HOMME SÉRIEUX en France a réclamé la guerre contre la Prusse? Comment est arrivée cette déclaration de guerre? Brusquement et sans que le Corps législatif en eût entrepris l'examen... Louis-Napoléon songeait depuis longtemps à humilier la Prusse... C'est le ministère Ollivier, créature de l'omnipotence impériale, qui devait reconnaître la légitimité et la nécessité de la guerre. Que Louis-Napoléon s'excuse, qu'il renie l'idée fixe à laquelle il a tout sacrifié, qu'il se présente en innocente victime de l'esprit guerrier de la France, c'est un spectacle souverainement ridicule, etc... »

(2) « Officiers, etc.... Insatiable dans son ambition comme sans scrupules dans ses moyens de succès, la Prusse avait osé concevoir et préparer dans l'ombre des projets dont l'accomplissement porterait

On y remarque en outre un ton grave, mélancolique, qui n'est point ordinaire dans les documents de cette sorte, et qui étonne. Les rares journaux qui ont déconseillé la guerre n'y veulent voir eux-mêmes qu'une affectation de modestie et se montrent plus confiants que lui dans le prompt et décisif succès de nos armes.

L'*Univers* apprécie ces divers documents en ces termes :

> Ce langage couvre, il fera oublier les tristes discours prononcés au Corps législatif. L'Europe en comprendra la haute signification. En rapprochant le langage impérial des manifestations qui éclatent de tous côtés, elle verra que la guerre où nous entrons n'est pour la France ni l'œuvre d'un parti, ni une aventure imposée par le souverain. La nation s'y donne tout entière et de plein cœur. Les objections et *les criailleries de quelques députés*, les plaintes hypocrites de *deux ou trois journaux* n'empêcheront pas cette vérité D'ÊTRE PARTOUT RECONNUE.

Ces derniers mots ne semblent-ils pas une cruelle ironie ? Les *quelques députés* sont devenus le gouvernement de la France, leurs *criailleries* sont devenues la parole officielle. Et, se transformant avec

---

une irréparable atteinte à l'honneur, aux intérêts et à la grandeur de notre pays. *La France tout entière a ressenti l'injure...* Heureux et glorieux jour que celui où nous tirerons le premier coup de canon contre l'ennemi, aux cris de :

VIVE LA FRANCE ! VIVE L'EMPEREUR ?

« *Le vice-amiral commandant en chef l'escadre d'évolution,*
« FOURRICHON. »

On a remarqué le ? qui suit le cri de *Vive l'Empereur*. Je ne sais s'il figurait au *Journal officiel*, mais il figure dans le numéro du *Temps* où j'ai pris cette proclamation. Le hasard est quelquefois spirituel.

eux, ce qu'on proclamait alors le mensonge se nomme aujourd'hui la vérité !

« La mobilité du peuple m'a dégoûté de la politique, » disait Lamartine en revenant à ses livres.

Cependant, je dois le dire, même après nos désastres, même après le 4 septembre, un journal (un seul!) tout en prodiguant à l'Empire les plus grossiers outrages, a eu la pudeur d'avouer qu'il avait demandé la guerre et que l'opinion avait contraint l'Empereur à la faire ; sa déclaration mérite d'être lue :

Ce n'est pas l'empereur Napoléon III qui, de son chef, a déclaré la guerre actuelle : c'est nous qui lui avons FORCE LA MAIN, nous ne nous en cachons pas et nous ne regrettons pas l'ardeur de ce premier mouvement, quelle que soit l'horreur des désastres et l'imminence du danger. Oui, nous sommes les ennemis du roi Guillaume, chef du parti féodal en Europe et représentant obstiné du droit divin ; nous sommes les ennemis des hobereaux qui composent la tête de son armée.

Nous leur avons déclaré la guerre parce qu'ils étaient depuis dix années en guerre sourde avec nous, parce qu'ils avaient préparé leur invasion de longue main, parce que leurs espions fourmillaient sous nos pieds, dans le sous-sol de la France. — *(La Rédaction du Soir).*

Mais, — dit-on, — la Province ?
Paris, les grandes villes ont voulu la guerre, il faut bien le reconnaître. La Province ne l'a pas voulue.

Hélas! ce n'est pas la première fois que Paris aurait disposé des destinées de la France. Le parti révolutionnaire le trouverait-il mauvais? Heureuse nouveauté; à noter pour l'avenir !

Mais ce reproche, inattendu de sa part, est-il fondé ?

La Province? qui avait le droit de parler pour elle sinon ses députés?

— Quels députés! Tous candidats officiels !...

Cette Chambre à laquelle, nous l'avons vu, les amis de la paix s'en référaient eux-mêmes, dont ils acceptaient le jugement comme le jugement même du pays, on ne permet plus d'invoquer son témoignage. Il est sans valeur.

Tous candidats officiels? Non pas. Hors de l'extrême gauche les députés élus contre le gré de l'administration parlaient, pensaient, votaient comme les députés élus sous son patronage, et c'est de leur côté, nous l'avons vu, qu'est parti le premier cri de guerre. Et parmi les rares députés de la gauche élus par la Province, n'y avait-il pas des partisans de la guerre? M. de Kératry, qui ne vota pas même avec les 83, était-il un candidat officiel ? M. Guyot-Montpayroux, qui disait : « le sentiment que j'exprime « est celui de la presque unanimité de mes élec- « teurs, » était-il un candidat officiel (1) ?

---

(1) « Il est vrai que la majorité du Corps législatif a acclamé les déclarations belliqueuses de M. de Gramont... mais cette majorité, issue du pouvoir personnel, se croyait obligée de le suivre docilement... » (Circulaire de M. Jules Favre). Je demande si c'est la

Vous ne croyez pas qu'en matière aussi grave le pays puisse faire connaître sa volonté par mandataire? Interrogez ses manifestations directes. Interrogez les feuilles départementales qui les enregistraient chaque jour. Je ne puis, comme je l'ai fait pour Paris, procéder par une série de citations empruntées à ces journaux eux-mêmes. La lecture en serait fastidieuse et je n'en ai pas aujourd'hui les éléments. Je me bornerai à invoquer sur ce point le témoignage des journaux de Paris qui suivaient et analysaient ce mouvement :

Le Français.

Les nouvelles qui arrivent de la province sont excellentes : les esprits accueillent l'idée de la guerre contre la Prusse non pas avec cette effervescence tapageuse qui éclate sur nos boulevards, mais avec une confiance calme, une résolution virile ; on comprend beaucoup mieux les raisons de la guerre actuelle qu'on ne comprenait au début celles de la guerre d'Italie...

.. L'exposé du gouvernement a été affiché dans toutes les communes, et partout il a provoqué les manifestations les plus vives et plus patriotiques.

Le Figaro.

La Province et la Guerre.

Ce n'est pas seulement Paris qui a acclamé la guerre, nos quatre-vingt-neuf départements sont aussi soulevés que la capitale contre la Prusse. Lisez les journaux de toutes couleurs, même les plus

---

Chambre qui, depuis le 13 juillet, a suivi le ministère, ou le ministère qui a suivi la Chambre. Celle-ci lui témoignait sa docilité... en voulant le renverser !

écarlates. La vérité a une telle évidence, une telle force, que tout le monde reconnaît cet *élan incroyable et inouï de la nation.*

La province ne s'est jamais fait illusion sur la paix très-chancelante et très-précaire que nous avait laissée Sadowa. Elle n'a pas l'esprit vif et spontané de Paris, mais elle réfléchit plus que Paris. Il y a quatre longues années qu'on entend les industriels, les commerçants, les bourgeois, dire avec les plus avancés de nos ouvriers et les moins décrassés de nos paysans :

« Les Prussiens vont trop loin, à la fin ; ça ne peut pas durer... »

Tel fut le sentiment énergique de nos 89 départements. La guerre est nécessaire. Nous avons tout ce qu'il faut pour la faire. En avant, marche !

Et pendant que le plus petit nombre — constatons-le avec une joie patriotique — des journaux radicaux de province pleuraient des larmes de circonstance et faisaient concurrence à Jérémie et à Victor Hugo et fils, nos populations accueillaient, tressaillantes d'enthousiasme, la déclaration de guerre !...

Dans des villes beaucoup plus antiplébiscitaires que Lille, à Bordeaux, à Lyon, à Marseille, la population est transportée du même enthousiasme.

A Lyon, des démonstrations magnifiques ont eu lieu. Le préfet, M. Sencier, qui n'était pas en belle humeur, paraît-il, a refusé de se montrer à son balcon. Des libres penseurs, égarés dans la foule, se sont irrités, et ce sont les jésuites, comme il arrive toujours à Lyon, qui ont payé le silence de M. le préfet. On a jeté des pierres dans les vitraux de leur église. Mais le plus grand nombre a rétabli l'ordre. Le lendemain, une bande d'individus, portant une loque rouge au bout d'un bâton, a essayé de crier : *Vive la paix!* en chantant la *Carmagnole.* Elle a failli être piétinée par la foule.

Saint-Etienne n'est pas en retard. La population ouvrière est allée faire une ovation au général Nayral. Un rédacteur de l'*Eclaireur* ayant protesté, on lui répond par les cris : « A Chaillot! » synonyme du fameux mot de Cambronne...

Les tentatives des Prussiens de Marseille n'ont pas eu de chance. Mardi soir une colonne de démagogues, quelques troupiers en tête et des portefaix en queue, a traversé la Cannebière en criant :

Vive la paix! Des coups de poing ont été échangés entre ces braillards et les Marseillais de l'opinion contraire. Un soldat a été blessé. La police a laissé faire cette cette bande qui ne pouvait se consoler des démonstrations guerrières auxquelles la grande majorité de la population de Marseille s'était livrée les trois jours précédents.

A Nantes, il y a eu des violences contre la presse pacifique. On a crié : A bas le *Phare de la Loire!* Des enragés menaçaient de mettre le feu à l'imprimerie. C'est le *Phare* qui le dit. Il doit y avoir exagération.

Les Toulousains ont fait une bien autre affaire à l'*Emancipation* et à M. Armand Duportal. La jeunesse des écoles était en tête de l'insurrection qui avait condamné et flétri très-violemment la guerre. On a cerné la maison de M. Duportal, on a envahi les ateliers ; l'exaspération de la foule a failli amener des voies de fait. Toulouse veut la guerre, et il n'aime pas qu'on le malmène parce que sa population ne se laisse pas égarer par des sophismes déclamatoires.

Le Gaulois.

A peine peut-on trouver cinq ou six journaux en France qui condamnent les agissements du gouvernement français, et on connaît, sans que nous ayons besoin de le dire, l'opinion à laquelle ils appartiennent.

Le Havre, 5 h. du soir.

Paris n'est pas la seule ville que l'enthousiasme ait saisi.

Une manifestation anti-prussienne a eu lieu au Havre.

Trois mille personnes ont parcouru la ville aux cris répétés de: Vive la France!

Hier, à la Bourse, à une heure et demie, à la réception de la dépêche faisant connaître qu'une déclaration de guerre allait être adressée par la France à la Prusse, malgré la gravité des intérêts engagés dans une ville comme le Havre, cette déclaration a été accueillie avec un patriotique enthousiasme qui s'est traduit par une triple salve de bravos et de frénétiques hourras.

Le Soir.

Les journaux de province sont unanimes pour constater l'enthousiasme avec lequel les populations des provinces ont accueilli la nouvelle de la déclaration de guerre à la Prusse.

Mais tout cela ne signifie rien ! Les députés, les journaux, la foule n'avaient point qualité pour exprimer le sentiment public. Les républicains ne tiennent pour valable, sérieux, légitime qu'un seul témoignage. Et lequel...? Celui des préfets !

Oui, à l'autorité de la Chambre, de la presse, du peuple lui-même, le gouvernement républicain oppose gravement l'autorité des préfets de l'Empire. N'insistons pas sur le côté piquant de cette situation. Nous n'avons pas le droit de sourire aujourd'hui. Hâtons-nous d'examiner si cet argument imprévu est fondé.

Avant tout une réflexion se présente d'elle-même à l'esprit du lecteur. Si le gouvernement avait eu un parti pris, eût-il consulté ses préfets ? S'il n'avait pas voulu s'inspirer de l'opinion, eût-il pris la peine de la sonder de cette façon ? Mais passons. Les préfets sont interrogés. Pendant qu'ils répondent, la question marche à grands pas, s'aggrave, s'envenime. Les réponses arrivent enfin. Je ne les ai pas dans les mains. Le *Journal Officiel* en a publié des extraits, fort habilement coupés, dit-on. Le *Journal des Débats* a reproduit les plus saillants de ces extraits, analysé les autres. Mais ce travail, qui contient le suc, la quintessence de l'enquête administrative, permet de juger l'ensemble. Eh bien! je le déclare, l'impression qui s'en dégage pour tout lecteur impartial, c'est que les petites villes, les campagnes, plus lentes que les grands centres à saisir la portée d'un incident diplomatique, n'étaient pas plus disposées que ceux-ci à subir un nouvel affront de la Prusse; qu'elles désiraient assurément le maintien de la paix (qui ne la désirait?) mais n'entendaient point lui sacrifier un lambeau de l'honneur national.

Le commentateur ingénieux de ces documents sent bien lui-même leur insuffisance. Il avoue qu' « ils ne donnent pas ouvertement et franchement tort à l'affirmation du gouvernement déchu. » Mais il se hâte d'en fournir la raison : « Les préfets qu'on interroge sont trop bons préfets pour faire ouvertement une réponse qui déplaise ».

Soit. C'est une appréciation. Je veux bien la tenir pour exacte; je m'en empare et je dis : Si les préfets ont voulu faire une réponse agréable, au lieu de l'atténuer ils auront forcé la note pacifique. Car, le souvenir exact que j'ai conservé de la situation des choses et des personnes, *au moment où ils furent interrogés*, me permet de l'affirmer : si dans la question posée par le ministre de l'intérieur aux préfets, perçait un sentiment personnel, — c'était, ce ne pouvait être que le désir d'une solution pacifique.

Mais ceux qui font l'histoire aujourd'hui n'ont point ce souci du détail. Un trait curieux nous fait voir avec quelle légèreté ils apprécient les situations et les hommes. L'article du *Journal des Débats* (une feuille sérieuse cependant!) après avoir passé cette revue du personnel administratif de l'Empire, y choisit deux types remarquables : le préfet de Vaucluse et le préfet du Nord.

Le préfet de Vaucluse « disait la vérité aux ministres de l'Empire! *Rara avis!* à ce titre il mériterait d'être conservé sous un gouvernement républicain ».

Le préfet du Nord est « un préfet comme il en faut aux rois et aux empereurs. Le souverain a besoin de savoir quelle heure il est; ils répondent: L'heure qu'il plaira à Votre Majesté. »

Le préfet de Vaucluse est une honnête exception fourvoyée dans le personnel de l'Empire, sans doute un nouveau venu?

Le préfet du Nord personnifie la servilité naturelle à l'administration bonapartiste?

Or, le premier, c'est M. Bohat, beau-frère de M. Rouher, et, par sa protection, préfet depuis les premiers jours de l'Empire.

Le second, c'est M. Masson, démissionnaire du 2 décembre 1851, rentré dans l'administration depuis le 2 janvier 1870, et placé à la tête du département du Nord sur la demande formelle, pressante, de son ami intime M. Thiers (dans une arrière-pensée électorale, prétend la chronique), avec l'entière approbation de l'Empereur, trop heureux d'accorder à l'historien illustre et national, une faveur qu'il semblait ardemment désirer (1).

Mais laissons cela. Soit! Je ne sais pas lire entre les lignes. Je n'ai pas ce flair délicat qui ne s'acquiert qu'à l'Ecole Normale. Les préfets affirment tous, sans une seule exception, que leurs départements tiennent à la paix, veulent la conserver quand même et à tout prix? On le veut? J'y consens.

Et après?

Se figure-t-on l'Empereur en face du cabinet unanime, en face de la presse et de la Chambre à peu près unanimes (car les rares dissidents de la gauche par la pauvreté de leurs arguments, par la nature du mobile auquel ils paraissent céder (2) ne peuvent guère infirmer l'expression du sentiment général), en face d'une agitation populaire que des témoins peu suspects déclarent « irrésistible », — se figure-t-on l'Empereur étendant la main et arrêtant le flot impétueux par cet étrange *quos ego* : « *Mes préfets ne sont pas de votre avis !* »

Entendez-vous d'ici les clameurs, les huées, les sifflets, les éclats de rire qui eussent accueilli l'objection impériale? Comme on eût maudit, comme on

---

(1) L'article du *Journal des Débats* se termine par ces mots : « sans compter que 83 députés *avaient voté contre la guerre* ».

(2) N'ont-ils pas voté contre la guerre d'Italie? M. Guéroult n'a-t-il pas dit d'eux que ce qu'« ils redoutent le plus, c'est un succès du gouvernement? »

eût bafoué cet humiliant excès du pouvoir personnel substituant son caprice (*caprice d'un despote !*) et celui de ses agents à la volonté nationale. Ah! du coup la gauche fût devenue belliqueuse! Et l'Empereur restait seul, — avec ses préfets.

Je m'adresse à tous les gens de bon sens et de bonne foi, et je leur dis: Eût-il pu le faire?

J'ajoute : S'il l'eût fait, croyez-vous que ceux qui l'accusent aujourd'hui d'avoir *imposé* la guerre ne l'eussent pas accusé dès le lendemain d'avoir *imposé* la paix au pays impatient de se venger?

La main sur la conscience, après avoir lu ce simple exposé des faits, peut-on nier sincèrement que l'opinion ait voulu la guerre? qu'elle ait poussé par tous ses organes publics le gouvernement à la déclarer? qu'elle lui ait, selon le mot d'un journal, après le 4 septembre, *forcé la main* (1) ? Peut-on nier que, paralysé par la constitution nouvelle, l'Empereur (même désirant la paix) n'avait le moyen et ne pouvait avoir la prétention d'opposer son sentiment personnel à la volonté nationale ?

Retourner la question, soutenir non-seulement qu'il eût pu le faire, mais qu'il l'a fait? non-seulement que le pays ne lui a pas dicté ses résolutions, mais qu'il a imposé son caprice au pays, c'est émettre une assertion qui blesse toute âme honnête et

---

(1) Le *Soir*.

fière, parce qu'elle est une atteinte flagrante à la justice et à la vérité, et surtout parce qu'elle suppose chez ses auteurs une confiance singulière dans la mobilité ou dans la lâcheté du public.

En effet, quand on entend ces anciens députés, si prompts jadis à mettre en doute la sincérité du pouvoir, d'un puritanisme si rigoureux à l'égard de la parole officielle, exigeant pour leurs personnes et leur parti une telle déférence et de tels ménagements de langage ; quand on les entend, dépositaires du pouvoir, à leur tour déclarer solennellement que la France a, dès le premier jour, blâmé la guerre, qu'*oser* dire le contraire c'est FAIRE PREUVE D'UNE RÉVOLTANTE MAUVAISE FOI (1) ; jeter à la tête d'un prince vaincu, détrôné, l'odieuse accusation d'avoir sciemment, dans un intérêt égoïste, entraîné son pays à l'abîme, on est réduit à croire qu'ils nous estiment, — ou assez légers pour avoir perdu la mémoire en six mois ; — ou assez lâches pour avoir subi jadis, sans protester, le caprice impérial, pour vouloir aujourd'hui rejeter à tout prix sur un seul la part de cruelle responsabilité qui nous incombe.

Eh bien ! ils se trompent, ils font injure au pays qu'ils gouvernent. Ce n'est pas par de tels moyens, Dieu merci ! qu'on gagne sa faveur.

---

(1) Circulaire de M. Jules Favre, 17 septembre. — M. Thiers n'a pas été moins affirmatif : « Les princes que vous représentez, dit-il à M. Conti, dans la séance du 1er mars, prétendent qu'ils ne sont pas les auteurs de la guerre, que c'est la France qui l'a voulue. Eh bien ! je leur donne ici *le démenti le plus formel*. Non, la France n'a pas voulu cette guerre, c'est vous qui l'avez voulue. » *(Note de la 2e édition).*

Ah ! je le sais, ce mensonge s'est couvert d'abord d'un noble prétexte. Pour que la Prusse nous accordât la paix, il fallait lui prouver que l'Empereur avait fait la guerre malgré nous.

Vouloir dissimuler à M. de Bismarck ce qui s'était produit au grand jour, oublier que nos ennemis avaient des yeux pour nous lire et des espions pour nous entendre ; croire que cette puissance, sachant combien il y avait de cartouches ou de boulets dans chacun de nos arsenaux, combien de tuniques ou de képis dans chacun de nos magasins, ignorait ce qu'il y avait de rancune et de haine accumulées dans nos cœurs ; qu'elle ignorait même ce qui s'écrivait dans nos journaux, ce qui se disait à notre tribune, ce qui se chantait sur nos places publiques, c'est faire preuve assurément de quelque candeur. N'importe : on eût respecté cette illusion, si l'événement n'en avait pas démontré la vanité. Tout le monde se fût prêté à cette pieuse fiction ; nous, serviteurs de l'Empire, les premiers ; et, j'en suis sûr, Napoléon III nous eût approuvé d'offrir son nom en holocauste et de livrer sa responsabilité pour dégager celle de la France.

Mais aujourd'hui ?

La Prusse a-t-elle tenu compte de ces déclarations ? S'est-elle arrêtée ? Non.

A quoi sert donc, désormais, ce mensonge quotidiennement reproduit, et, pourrais-je dire (s'il ne me répugnait d'employer le vocabulaire officiel), cette « *révoltante mauvaise foi ?* »

II

Pourquoi a-t-on voulu la guerre?

La France et le Rhin. — Une tradition républicaine et monarchique. — Sadowa. — Parti-pris de la Prusse. — La guerre inévitable. — En se contentant du désistement, on ne l'empêchait pas.

On a voulu la guerre pour trois motifs :

Parce que la France s'est de tout temps sentie entraînée vers le Rhin, moins par une velléité de conquête que par un instinct de conservation.

Parce que cette attraction séculaire, à demi-étouffée par le progrès des idées pacifiques, par le développement des intérêts matériels, fut non-seulement réveillée, mais singulièrement avivée par les événements de 1866; parce que la bataille de Sadowa devint pour nous, grâce à l'exagération des partis, un second Waterloo, et que pendant quatre ans, dans la presse comme à la tribune, on fatigua nos oreilles, on fit rougir notre front, par ce souvenir sans cesse évoqué.

Enfin, surtout, on a voulu la guerre parce que le bon sens collectif du pays, plus clairvoyant que le génie de n'importe quel homme d'État, la sentait inévitable; parce qu'il comprenait bien que la Prusse la voulait et saurait nous l'imposer; que tous les bons procédés, toute la tolérance, toutes les humiliations ne nous épargneraient pas ce fléau. Puisqu'il fallait en venir là, mieux vaut en finir! tel est le cri que M. Edmond About, allant de Paris à Strasbourg, le jour où la déclaration de la guerre fut connue, prétend avoir recueilli sur tout son chemin. En effet, ce fut bien là le sentiment, l'argument décisifs.

J'examine en deux mots chacun de ces trois motifs:
La tradition, — *Sadowa*, — *le parti-pris de la Prusse*.

La tradition? Le cadre de ce travail ne me permet pas de la rappeler longuement. Mais qui l'ignore? Veut-on s'édifier complétement? Qu'on lise le remarquable ouvrage de M. Th. Lavallée: *Les Frontières de la France*. On y verra l'entier développement de cette idée, « idée profondément historique, profon-
« dément nationale, et qui ne périra jamais » (disait Augustin Thierry). On y verra la Prusse ennemie héréditaire de la France. On y verra ce qu'on pourrait nommer la passion du Rhin, nous agitant depuis Henri II jusqu'à nos jours. On y verra les persévérants efforts de la maison de Bourbon, continués avec succès par la République, et repris, trop tardivement, par la Restauration. Car cette politique

était si nationale que l'ancien régime et la Révolution durent s'en inspirer tour à tour: peut-être est-ce la seule page de notre histoire où la tradition monarchique et la tradition républicaine se confondent; la première, disant avec M. de Bonald: « sans la limite du Rhin la France n'est pas finie et ne saurait être stable; » la seconde, disant avec M. Victor Hugo: « il faut, pour que l'univers soit en équilibre, deux grands États du Rhin : l'Allemagne, sur la rive droite, la France sur la rive gauche. »

Ce qui n'était, avant 1792, qu'une convoitise, était devenu, depuis 1815, un besoin. Avant 92 notre frontière était déjà vulnérable; depuis 1815 elle avait au flanc une brèche permanente. La coalition nous avait pris (elle s'en vantait) les *clefs de la maison* (1). Désormais, selon la remarque de Châteaubriand, la France était livrée à la chance d'une grande bataille et d'une guerre de huit jours. L'auteur de ce mot, cruellement justifié, faisait partie de ce groupe d'hommes d'État qui voyaient le salut de la France dans l'alliance russe, nous assurant la posssession de la rive gauche du Rhin, et qui poussaient le gouvernement de la Restauration dans cette voie. D'abord vaincus par les partisans exclusifs de l'alliance anglaise, ils finirent pourtant par se faire écouter et semblaient sur le point de triompher quand la révolution de 1830 vint balayer leurs projets. La monarchie nouvelle, en favorisant la for-

---

(1) *Les frontières de la France.*

mation du royaume de Belgique, porta un premier coup à l'œuvre de 1815. Elle n'osa aller plus loin. Beaucoup l'engageaient cependant à exécuter cette partie du programme national, et le duc d'Orléans résumait leur opinion par ce mot célèbre : « Mieux vaut tomber dans le Rhin que dans un ruisseau de la rue Saint-Denis. » Pendant ce temps (remarquable coïncidence!) l'ancien ministre de la Restauration, sur le point de devenir le gouverneur du duc de Bordeaux, se hâtait de déclarer qu'il inspirerait cette même idée à son royal élève. « Pour moi, écrivait M. de Chateaubriand, je ferais la guerre à tout prix pour donner à la France des frontières nécessaires. » Cette guerre, Louis-Philippe ne la fera pas, parce qu'il y risquerait sa couronne; M. de Chateaubriand se trouve d'accord avec les républicains pour lui en faire un crime : « Il n'a pas en lui de quoi se rendre coupable des méprises du génie ou des faiblesses de l'honneur et de la vertu. *Il a senti qu'il pourrait périr par la guerre, il ne fera pas la guerre;* que la France se dégrade dans l'esprit de chacun, peu importe ; des publicistes prouveront que la honte est de l'industrie, et l'ignominie du crédit (1) ».

Ainsi, — cruelle ironie des partis ! — avoir fait ou

---

(1) Lettre adressée à Mᵐᵉ la Dauphine, le 30 juin 1833. — Dans ses *Mémoires* il écrit encore cette page curieuse : « M Thiers a manqué de résolution quand il tenait entre ses mains le sort du monde : s'il eût donné l'ordre d'attaquer la flotte anglaise, supérieurs en force

n'avoir pas fait la guerre, la même guerre, pour le même but, se trouve être également reproché par eux au pouvoir comme un crime de lèse-nation inspiré par un calcul égoïste !

Et cet héritage transmis par la France même, par la France ancienne et moderne, au second Empire, il semble, à les entendre, que ce soit le legs particulier d'une dynastie conquérante ; cette politique traditionnelle, un pouvoir qui se prétend soucieux de la vérité la nomme aujourd'hui *le caprice d'un despote !*

En 1866 le vœu national fut sur le point de s'accomplir. L'occasion s'offrit. La France, bien qu'on l'ait prétendu quand on connaissait mal M. de Bismarck et ses façons d'agir (quand on ne le croyait pas capable d'aller tout seul à Turin négocier une alliance), la France n'avait point cherché à la faire

---

comme nous l'étions dans la Méditerranée, notre succès était assuré. On aurait trouvé à l'instant 150,000 hommes *pour entrer en Bavière et pour se jeter sur quelque point de l'Italie où rien n'était préparé en vue d'une attaque.* Le monde entier pouvait encore une fois changer de face. Notre agression eût-elle été juste ? C'est une autre affaire. Mais nous aurions pu demander à l'Europe si elle avait agi loyalement avec nous dans des traités où, abusant de la victoire, la Russie et l'Allemagne s'étaient démesurément agrandies, tandis que la France avait été réduite à ses anciennes provinces rognées. Quoiqu'en soit, M. Thiers n'a pas osé jouer sa dernière carte ; en regardant sa vie, il ne s'est pas trouvé assez appuyé, et c'est cependant parce qu'il ne mettait rien au jeu qu'il aurait pu tout jouer. Nous sommes tombés sous les pieds de l'Europe : une pareille occasion de nous relever ne se présentera pas de longtemps. »

naitre. Elle essaya même d'arrêter le conflit par une conférence. La conférence ayant avorté, le parti-pris des deux puissances, de faire la guerre, étant bien manifeste, l'Empereur voulut du moins que la France en profitât. Il n'avait pas une ambition déraisonnable. Il ne rêvait pas de ranger sous nos lois des populations qui peut-être préféraient les leurs. Ses vues étaient plus modestes, plus sérieuses, plus pratiques; moins d'un conquérant et plus d'un politique. Il désirait sans doute boucher partiellement la brêche de 1815, par une légère, très-légère rectification de frontières, mais tenait surtout à la couvrir par l'établissement d'un nouvel État neutre à nos portes (1). Ce résultat était-il à dédaigner ? Les plans dont le succès nous les eût assurés sans coup férir, étaient-ils malhabilement conçus? Je le sais, en politique, un plan qui n'a point réussi n'a pas le droit de se défendre, et toute folie que couronne le succès peut se proclamer la sagesse même. Il n'en est pas moins vrai que, pour déjouer les projets de 1866, il a fallu : d'abord le mauvais vouloir de l'opinion, ensuite cet événement peu facile à prévoir et que personne, après coup (chose rare!) ne s'est vanté d'avoir prédit (2) : l'armée autrichienne anéantie en une rencontre !

---

(1) Voir les *Préliminaires de Sadowa*, par Julian Clazko.

(2) Lire dans la *Revue des Deux Mondes* (15 octobre 1868), l'Etude sur la campagne de 1866, attribuée au prince de Joinville. On y verra que *tout le monde*, en Europe, comptait sur le triomphe de l'armée autrichienne.

Cédant à la crainte mal fondée d'une alliance de la France avec la Prusse et l'Italie, l'opinion libérale, qui était déjà puissante, qui déjà, l'année précédente, avait obtenu la réduction de nos cadres et la diminution de notre effectif militaire, avait voulu lier les mains au pouvoir. Par ses manifestations retentissantes à la tribune et dans la presse (1), elle lui imposa la paix *désarmée*, alors que, pour le succès de sa politique expectante, la *paix armée* eût été nécessaire. A quel point ces manifestations (qui tendaient à faire de notre neutralité provisoire une neutralité définitive, de notre neutralité conditionnelle une neutralité absolue) dérangèrent les calculs de notre gouvernement, le discours irrité d'Auxerre le laissa bien voir. On se résignait pourtant, en pensant que la vérité se ferait bientôt jour, que notre intérêt serait mieux compris, et que l'opinion sentirait enfin la nécessité de notre intervention. Elle la sentit, hélas! mais trop tard : le coup de foudre de Sadowa ne permettait pas de réparer le temps perdu. Ceux qui avaient empêché l'Empereur de se pré-

---

(1) « Au mois d'avril 1866, alors que la guerre était imminente entre la Prusse et l'Autriche, il y avait ici *dans la presse, dans le Parlement* un accord presque unanime pour maintenir la paix et la neutralité de la France. A cette époque, la France était dans une situation prépondérante et décisive; *nous voulions qu'elle armât* et qu'elle fût en mesure d'intervenir, soit diplomatiquement, soit militairement; *mais nous étions à peu près seuls de cet avis*... Quelques semaines plus tard, la guerre éclate, la Prusse triomphe, et la France qui, *obéissant aux conseils des amis de la paix*, *n'avait fait aucun préparatif militaire*, la France dut se borner à intervenir diplomatiquement pour épargner à l'Autriche de plus grands désastres. *Il était trop tard pour en faire davantage.* » — (A. Guéroult. — *Opinion Nationale*, 30 avril 1867).

parer à l'action, lui reprochaient maintenant de ne pas agir. A qui la faute ? Son intervention interdit à la Prusse de marcher sur Vienne, et d'anéantir les Etats du Sud. Pouvait-elle davantage ?

L'histoire éclaircira tous ces points. Elle jettera sur plus d'un une lumière inattendue ; elle montrera que le gouvernement impérial ne doit pas supporter toute la responsabilité de cet avortement ; que l'opinion doit en accepter sa part, et qu'elle n'est pas plus innocente des événements de 1866 que de ceux de 1870. Une démonstration de ce genre est toujours difficile. L'opinion impose sa loi, se fait obéir, puis, après l'insuccès, se dérobe sans laisser de traces saisissables. Pourtant si je pouvais, par une série d'extraits des journaux ou des débats parlementaires, semblables à ceux qu'on a lus plus haut, montrer quels furent alors son rôle et son langage, on verrait que, sur ce point encore, la vérité diffère sensiblement de la légende (1) !

---

(1) On pourra consulter (c'est déjà presque un chapitre d'histoire) *Les Préliminaires de Sadowa*, très-intéressant ouvrage de M. Julian Clazko, aujourd'hui conseiller aulique au ministère des affaires étrangères d'Autriche. On y lira à la dernière page, cette sorte de conclusion et de résumé du travail : « En Italie, Victor-Emmanuel hors de combat, l'affaire d'honneur est vidée. Si maintenant, ce dont personne encore ne doute à ce moment, le général Benedeck remporte une victoire au moins pareille, dans les défilés formidables de la Bohême, la face du monde s'en trouvera changée, — et pourquoi ne pas le reconnaître ? — changée en bien ! La France intervenait et imposait la paix, l'équilibre, et pour atteindre ce but, assurément glorieux et prospère, sa force morale seule suffisait. Venise était affranchie, l'Autriche dédommagée par la Silésie et maintenue dans sa grande situation en Allemagne ; la Prusse, rendue plus homogène et plus forte

Mais les limites que je me suis fixées ne me permettent pas une telle digression. J'admets donc que Sadowa ne fut pas un malheur, mais une faute; que les plans du gouvernement étaient ridicules, ses espérances chimériques; qu'il a été coupable, très-coupable, seul coupable. J'accorde tout cela, si l'on y tient.

Sadowa n'en était pas moins un fait accompli! En politique il ne faut jamais regarder derrière soi. Quand un événement fâcheux s'est produit, on doit ou s'en accommoder, ou se mettre en mesure de le réparer. Passer son temps à s'en plaindre est puéril.

Il y avait deux partis à prendre :

Ou bien se préparer résolûment à détruire l'œuvre de 1866 ; — ou bien s'y résigner.

L'opposition ne sut prendre ni l'une ni l'autre de ces attitudes. Tout en nous interdisant la réparation, elle nous rendait la résignation impossible;

---

au Nord, formait une barrière utile contre le Moscovite ; les États secondaires recevaient une organisation plus puissante et un rôle plus important dans la Confédération germanique ; enfin la neutralisation des forteresses allemandes de l'Ouest, par la constitution d'un État nouveau composé des anciennes provinces rhénanes de la Prusse devenait, pour l'Empire français, l'unique mais inappréciable récompense de son désintéressement. Et qui donc eût alors osé médire d'une politique capable d'obtenir des résultats aussi grands, aussi heureux, sans avoir même tiré l'épée et par la seule force morale?... La combinaison, quoiqu'on ait dit, était vaste et profonde, mûrement réfléchie et menée avec un art supérieur ; elle n'eut qu'un seul tort, tort fatal, il est vrai, calamiteux au-dessus de toute expression, de ne jamais admettre la possibilité d'une victoire des Prussiens, d'une victoire comme n'en ont pas vu les annales de nos temps. Mais qui de nous tous aurait admis une pareille hypothèse encore au 23 juin ?... »

en nous refusant le droit de revenir sur le passé, elle en réveillait à tout moment le douloureux souvenir.

Le public n'avait pas lui-même compris la gravité de Sadowa. C'est l'opposition qui prit soin de la lui signaler. Elle y mit tant d'éloquence, tant d'âpreté, tant de persévérance, qu'à la fin Sadowa semblait être une défaite française plutôt qu'une défaite autrichienne (1).

En vain M. Emile Ollivier, qui désirait sincèrement l'union de la France et de l'Allemagne, signalait le danger d'une telle inconséquence, et disait dès le mois de décembre 1867 :

Vous acclamez en toute occasion la paix ; en toute occasion vous l'affirmez ; en toute occasion vous formez des vœux pour son maintien, et en réalité vous votez tous les jours la guerre. Oui, vous votez tous les jours la guerre ; chaque fois qu'un orateur se lève dans cette assemblée pour vous démontrer qu'après tout les événements accomplis en Allemagne ne sont ni menaçants ni humiliants pour nous, vous couvrez sa voix de murmures; au contraire, dès qu'un orateur affirme que la victoire de Sadowa est pour la France une espèce de défaite, un affaiblissement, une diminution de prestige, vous applaudissez.... Eh bien ! dans un pays tel que

---

(1) « Un étranger qui n'est pas un Prussien (je tiens à le constater) me disait l'autre jour : Je m'étais figuré jusqu'à présent que c'étaient les Autrichiens qui avaient été vaincus à Sadowa; mais je quitte Vienne, j'arrive à Paris, et, à en juger selon les apparences, je suis tenté de croire que ce sont les Français qui ont été vaincus. Les Autrichiens sont bien plus calmes que vous. — Si nous avions été battus lui répondis-je (et je ne l'admets pas, quant à moi), avouez du moins qu'on ne l'a su dans le monde que parce que nous avons eu soin de le crier sur les toits. Sans cela personne ne s'en serait douté. » — *(Journal des Débats)*.

celui-ci, fier, susceptible, sensible au point d'honneur, il est impossible qu'à la tribune, dans la presse, on pense, on soutienne, on répète tous les jours, sous toutes les formes, dans toutes les occasions, que nous sommes amoindris, compromis, abaissés... sans qu'une véritable émotion ne se manifeste; il est impossible que lorsque celui qui préside au gouvernement s'appelle Napoléon, quels que soient ses sentiments d'humanité, quelle que soit sa compréhension, son désir de maintenir la paix, il est impossible qu'il résiste longtemps, qu'il résiste toujours à une pression aussi constante, aussi répétée, aussi impérieuse.

Il faut donc que cette Chambre, que cette nation, non-seulement se résignent à ce qui s'est accompli, mais qu'elles l'acceptent sans arrière-pensée ou bien qu'elles envisagent d'une manière virile la nécessité tôt ou tard inévitable d'une guerre sérieuse, d'une guerre terrible avec l'Allemagne. Vous me contredirez, vous me démentirez, vous affirmerez que vous voulez la paix, cela ne changera pas ma conviction. Vous avez beau vouloir la paix, si vous ne changez pas votre politique actuelle, la guerre vous saisira malgré vous.

Ces paroles prophétiques n'ébranlèrent point la gauche; jusqu'à la dernière heure elle continua son jeu téméraire. Et au mois de juillet, pendant que la grande question de la guerre ou de la paix se décidait, les journaux pacifiques s'y livraient avec un redoublement d'ardeur. Si les hommes qui jouaient un pareil rôle étaient sincèrement attachés à la paix, ils firent preuve d'une grande légèreté. Comment pouvaient-ils penser que le peuple français supporterait patiemment, pendant de longues années, de telles excitations, qu'il prendrait humblement son parti d'un souvenir humiliant sans cesse rajeuni, et qu'un jour ou l'autre il ne tenterait pas de l'effacer? Autant vaudrait, après avoir agacé le taureau pendant des heures, s'étonner qu'il bondisse; après avoir battu le briquet dans une poudrière, s'étonner qu'elle éclate (1).

Enfin et surtout nous avons poussé à la guerre parce que notre instinct nous disait que la Prusse la voulait, la rendrait inévitable, et qu'en la reculant nous ne pourrions qu'accroître en pure perte la liste déjà longue de nos humiliations.

Cet instinct nous trompait-il ?

N'est-il pas aujourd'hui démontré que la Prusse, connaissant notre susceptibilité nationale, devinant que nous ne resterions pas longtemps sous le coup d'un échec incessamment rappelé, que tôt ou tard

---

(1) « La France, de son côté, portera au tribunal de l'histoire une grave responsabilité. Les journaux ont été superficiels, le parti militaire a été présomptueux et entêté, l'opposition, uniquement attentive à la recherche d'une fausse popularité, parlait sans cesse de la honte de Sadowa et de la nécessité d'une revanche. » — *E. Renan*. — *Revue des Deux-Mondes*, 15 septembre 1870).

« La situation était déjà passablement tendue, depuis 1866, entre la France et la Prusse. On peut même dire que, depuis ce moment, l'opposition systématique de toutes nuances n'a rien négligé pour souffler charitablement le feu.

« A force de parler à chaque instant de l'humiliation de la politique française, à force de nous montrer à la tribune, dans les journaux, dans les livres, dans les réunions publiques, la France descendue au rang de puissance secondaire, on en est venu à exaspérer gravement une portion considérable du pays qui veut à tout prix « une revanche » de Sadowa. — *A. Guéroult*. — *(L'Opinion Nationale*, 13 juillet 1870).

« Il est vrai que, depuis 1866, la France est en droit de demander à l'Empire des comptes sévères sur la conduite de ses affaires à l'extérieur. L'opposition, que nous sachions du moins, n'a jamais manqué les occasions d'adresser ses remontrances sur ce sujet. C'est grâce à ce système de reproches continuels, justes selon nous, que le pays a dressé le bilan des injures, des provocations dont il a été victime. » — *(Le Soir*, 8 juillet).

nous serions tentés de prendre une revanche, a voulu nous devancer ?

Avant la déclaration de la guerre, le public avait déjà de bonnes raisons de le penser. La fin de non-recevoir que le cabinet de Berlin avait opposée à notre demande de désarmement simultané était déjà un symptôme assez clair de ses intentions prochaines.

Mais depuis, que de preuves sont tombées dans nos mains ! Quelles révélations ! Que de faits concluants ! Faut-il les rappeler ? Un immense réseau d'espionnage nous entoure ; une armée d'éclaireurs secrets nous envahit, s'insinue dans nos foyers sous mille prétextes, sous mille déguisements, pour y remplir cette mission, qui, en Prusse, n'avilit pas ! M. de Moltke lui-même, le crayon à la main, parcourt la Lorraine (1), comme en 1865 il avait parcouru la Bohême (2), rédigeant son plan de campagne sur les lieux.

---

(1) La collection des *Papiers secrets* contient une lettre adressée au maréchal Lebœuf par l'agent chargé de le surveiller.

(2) « Carlsbad était, depuis plusieurs années, le séjour favori du roi de Prusse pendant la saison des eaux. Là se rendait chaque été, en hôte aimable de son bon frère et ami l'empereur d'Autriche, le vieux roi Guillaume, accompagné de ses ministres, de sa maison militaire, du général de Moltke entre autres, et de l'élite de l'état-major prussien, officiers très-intelligents et savants très-épris de la beauté de la nature, et qui ne se refusaient guère à ces occasions l'innocent plaisir de parcourir, dans tous les sens, le magnifique pays de Bohême et d'en admirer les sites pittoresques. Aux jours de Nahod, de Skalitz et de Kœnigsgraëtz, il se trouva que ces touristes poétiques, ces *takistes* en shakos avaient les connaissances les plus minutieuses, les plans les plus détaillés de tous les défilés et de toutes les places fortes de la Bohême. » — *J. Clazko. — Les préliminaires de Sadowa*.

Puis de tous les renseignements ainsi obtenus, un livre est composé qui s'intitule : *Considérations sur les défenses naturelles et artificielles de la France, en cas d'une invasion allemande*, que l'état-major prussien fait publier et distribuer à tous les officiers comme un *Vade mecum* de l'envahisseur ; indiquant avec une précision mathématique la largeur des moindres collines, notant les bourgs, les hameaux, les châteaux, les fermes, les ponts, les ruisseaux, les haies, les fossés, les ressources ou les obstacles que le moindre coin de terre peut offrir à l'attaque ou à la résistance ; marquant à quelle période de l'invasion le secours de « troubles politiques » pourrait être utile ; indiquant la solution qu'exige la sécurité de la Prusse (annexion de l'Alsace et de la Lorraine) et songeant même à trouver, — pour le cas où des griefs spéciaux ne sauraient être invoqués, — un prétexte permanent à l'ouverture des hostilités : les grands commandements militaires et le camp de Châlons peuvent être considérés comme « une menace constante contre la Belgique et l'Allemagne. »

Quand tout a été étudié dans l'ombre et le silence, on commence à moins s'observer. On ne fait plus trop mystère des projets ni des espérances. Pendant l'automne de 1868, lord Albemarle chasse avec le général de Blumenthal, aux environs de Norfolk, et lui exprime le désir d'aller voir à Berlin manœuvrer les troupes prussiennes : « Ne prenez pas cette peine, lui répond M. de Blumenthal, nous donnerons bientôt une revue pour vous au Champ de Mars (1). » Vers la même époque, le ministre de la maison du roi, M. Schleinitzy, dit à Mme de Pourtalés : « Avant dix-huit mois votre Alsace sera à la Prusse ; » et M. de Moltke à un habitant du grand-duché de Bade : « Quand nous serons en mesure de disposer de l'Alsace, et cela ne saurait tarder, en la réunissant au grand-duché, nous formerons une superbe province (2). » Pendant que les généraux et les hommes d'État parlent ainsi, on surexcite les soldats en leur jouant une marche nouvelle et déjà populaire : *L'Entrée à Paris.*

En présence de tous ces faits, n'est-on pas obligé de convenir que la question Hohenzollern était un piége tendu pour nous attirer devant les canons prussiens chargés jusqu'à la gueule ?

Piége fort habilement tendu, j'en conviens, avec un air d'innocence qui a trompé beaucoup de gens ; mais non ceux qui se rappelaient l'attitude hypocrite du cabinet de Berlin en 1866, et avec quelle sérénité, *trois* jours avant de conclure un traité d'alliance offensive contre l'Autriche, il écrivait : « Rien n'est plus éloigné des intentions de S. M. le roi qu'une attitude offensive contre l'Autriche. » En

---

(1) Fait attesté par lord Bury, parent de lord Albemarle, dans un discours publié par le *Daily-News.* (Voir le *Gaulois* du 23 janvier 1870).

(2) Ces deux faits sont rapportés par deux lettres du général Ducrot, commandant la division de Strasbourg (publiées parmi les *Papiers secrets*). Le général ajoutait : « Pendant que nous délibérons pompeusement et longuement sur ce qu'il conviendrait de faire, pour avoir une armée, la Prusse se propose tout simplement et très-activement d'envahir notre territoire. »

nous provoquant, la Prusse a voulu nous attribuer le rôle de provocateurs. Elle nous a offert une satisfaction qu'elle savait inacceptable... Si cependant nous l'avions prise au mot ? Si nous nous étions tenus pour satisfaits du désistement du prince ?... il aurait bien fallu que la Prusse renonçât à ses projets belliqueux, ou qu'elle attendît une autre occasion ? Et la paix était provisoirement assurée ?

Non pas !

C'est là encore un fait mal compris, sur lequel l'opinion s'est égarée, et qui mérite toute l'attention du lecteur.

Non, la Prusse n'eût point attendu qu'un nouveau prétexte se présentât. Non, notre condescendance ne l'eût pas désarmée, et n'eût point ajourné la guerre. Non, l'acceptation pure et simple du désistement, *ce n'était pas la paix !*

Qu'on le comprenne bien, car ce point est capital.

On a toujours eu les yeux fixés sur Ems et sur le roi Guillaume. On a perdu de vue son ministre, qui de loin surveillait tout, laissant parler son maître, prêt à le pousser, à le compromettre au besoin. Au moment de se lancer dans de grandes aventures, le vieux roi hésite, et M. de Bismarck excelle à l'engager (1). Pendant que Guillaume éconduisait

---

(1) M. le prince de Joinville, dans l'étude que j'ai déjà citée, raconte avec quelle répugnance le roi de Prusse se décida à commencer la campagne de 1866, avec quelle hardiesse M. de Bismarck força la

notre ambassadeur et lui refusait sa porte avec cette sorte de bonhomie hautaine et de morgue débonnaire qui le caractérisent, peut-être sans vouloir lui faire un affront, du moins sans que M. Benedetti le ressentit (1), le hardi chancelier s'emparait de cet incident, et par la publicité diplomatique lui donnait aussitôt la gravité nécessaire (2).

Mais si nous avions encore courbé la tête ? Si ce nouvel affront nous n'avions pas voulu le sentir. — tout était enfin terminé ?

Nullement ! M. de Bismarck ne l'entendait pas ainsi. Il se ménageait une porte pour rentrer dans

---

main à son souverain, qui se laissait faire, voyant en lui « l'instrument providentiel de la grandeur de sa monarchie. » (Revue des Deux-Mondes, 15 octobre 1868, p. 774). — Voir sur ce même sujet, La Prusse et l'Allemagne de M. V. Cherbuliez.

(1) M. Benedetti l'avoue et les détracteurs de l'Empire s'emparent de cet aveu comme d'une révélation écrasante. Qu'ils lisent la séance du 15 juillet, ils y verront que M. Émile Ollivier l'a dit lui-même à la tribune !...

(2) Comme le gouvernement bavarois répugne à la guerre, M. de Bismarck modifie à son intention le télégramme circulaire. Il y ajoute pour Munich seulement, que l'ambassadeur a provoqué la détermination du roi « par son attitude inconvenante. » Tel est le thème que développeront bientôt les journaux allemands.

D'autres ont pensé que cette attitude du roi n'avait qu'un seul but, gagner du temps. Ainsi le Gaulois du 17 disait :

« Nous donnons, *en la garantissant*, cette nouvelle :

« Depuis huit jours M. de Bismarck s'attend à la guerre. Dès le jour « où il a été informé de la déclaration de M. de Gramont, il a écrit et « fait porter à M. de Verther une lettre contenant ces seuls mots :
« Pas de concessions ! La guerre. Ne vous laissez pas impressionner ;
« nous sommes prêts. Cependant tâchez de prolonger la situation
« jusqu'au 20. »

« La conduite du roi de Prusse n'a donc jamais eu qu'un but, gagner « quinze ou vingt jours. »

le débat. En voici la preuve positive et trop peu remarquée.

Le 13 juillet, c'est-à-dire (qu'on le remarque bien) au moment où le gouvernement français croyait la paix assurée et la faisait déjà célébrer par le *Constitutionnel,* lord Loftus écrivait de Berlin au comte Granville :

J'ai eu aujourd'hui une entrevue avec le comte de Bismarck, et je l'ai félicité de l'apparente solution de la crise imminente, par la renonciation spontanée du prince de Hohenzollern.

Son Excellence a paru douter quelque peu que cette solution mît fin au différend avec la France. Elle m'a dit que l'extrême modération montrée par le roi de Prusse devant le ton menaçant du gouvernement français, et la réception courtoise de M. Benedetti à Ems, par Sa Majesté, après le langage sévère tenu à la Prusse, tant officiellement que dans la presse française, provoquaient d'un bout à l'autre de la Prusse, une indignation générale...

Après ce qui vient de se passer, nous devons demander quelque assurance, quelque garantie que nous ne serons pas exposés à une attaque soudaine ; il faut que nous sachions que cette difficulté espagnole une fois écartée, il ne reste pas d'*autres* DESSEINS SECRETS *qui puissent éclater sur nous comme un coup de tonnerre.*

Le comte de Bismarck déclara ensuite qu'à moins que quelque assurance, *quelque garantie ne fût donnée par la France, soit aux puissances européennes, soit dans une forme officielle quelconque, que la présente solution de la question espagnole était considérée par elle comme un arrangement définitif et satisfaisant,* et qu'elle ne mettrait pas en avant d'autres griefs, et qu'en outre le gouvernement français *ne retirât ou n'expliquât d'une manière satisfaisante* le menaçant langage tenu par M. le duc de Gramont, le gouvernement prussien *serait obligé de* DEMANDER DES ÉCLAIRCISSEMENTS A LA FRANCE.

Votre Seigneurie peut voir, par les observations ci-dessus du comte de Bismarck, que si quelque conseil opportun, quelque main amie n'intervient pas pour apaiser l'irritation qui existe entre les deux gouvernements, la brèche, *au lieu d'être fermée par la solution de la difficulté espagnole*, NE FERA PROBABLEMENT QUE S'ÉLARGIR.

Est-ce clair ?

C'est la France qui menace l'Allemagne de ses *desseins secrets* (la France a voulu sans doute placer un Bonaparte sur le trône de Bavière?) — absolument comme l'Autriche menaçait la securité de la Prusse par ses armements exagérés : on croit lire la fameuse note du 24 mars 1866!

Ainsi, que ceux qui s'imaginent qu'avec plus de prudence et de modération la France pouvait éviter la guerre, ne conservent pas cette illusion : la guerre était inévitable.

C'est parce que le pays le sentait bien qu'il a poussé le gouvernement à la faire !

La France l'a matériellement, mais la Prusse l'a moralement déclarée. C'est elle qui, devant l'histoire, en portera l'onéreuse responsabilité (1) !

Pourquoi ce fait, que les documents diplomatiques eux-mêmes établissent avec tant d'évidence, n'est-il

---

(1) M. John Lemoine, un des rares écrivains qui s'étaient opposés à la guerre, non qu'il ne la crût « *inévitable*, » mais parce qu'il voulait qu'on attendît « *un meilleur* PRÉTEXTE, » disait lui-même le 3 août : « Quel que soit le prétexte choisi pour la guerre, au fond c'est la Prusse qui l'a amenée par la conduite qu'elle a tenue envers la France après la paix de Prague. » Aujourd'hui, naturellement, M. John Lemoine rejette l'entière responsabilité de la provocation sur l'Empereur.

pas parmi nous mieux reconnu? Pourquoi laissons-nous dire que si la guerre a éclaté, c'est par la faute d'un souverain français, de ministres français et d'une Chambre française? L'intérêt de notre pays ne veut-il pas que la lumière se fasse sur ce point important? Pourquoi n'est-elle pas encore faite (1)?

Faudrait-il croire que la nécessité d'accabler l'Empereur semble à ceux qui écrivent aujourd'hui l'histoire officielle l'intérêt capital, et qu'ils aiment mieux voir retomber injustement le sang répandu sur la tête de Napoléon III et de ses ministres que justement sur celles de Guillaume et du comte de Bismarck?

Je ne puis l'admettre. L'erreur est sincère, je veux le croire. Elle ne résistera donc pas à l'examen des faits. Tout le monde reconnaîtra que la guerre devait fatalement éclater parce qu'elle était décidée de longue date et minutieusement préparée par la Prusse.

Mais quand ce premier point sera reconnu de tout le monde, la responsabilité de l'Empereur sera-t-elle donc dégagée?

Si l'on ne peut l'accuser d'avoir cherché, d'avoir provoqué la guerre, ne pourra-t-on, du moins, l'accuser de l'avoir rendue désastreuse — en ne

---

(1) C'est avec une profonde surprise que nous avons entendu M. Thiers lui-même, sacrifiant l'intérêt du pays à un intérêt de parti déclarer dans la séance du 1er mars que cette guerre avait été entreprise « sans motif sérieux! »

sachant pas la préparer, — en ne sachant pas la conduire, — en terminant la longue série de ses fautes par la « honte de Sedan ? »

Je passe à l'examen de ces différents points.

III

Insuffisance des préparatifs.

Qu'avait dit le Gouvernement ? — Qu'avait-il fait ? — Pourquoi n'avait-il pas fait davantage ? — Rôle des divers partis de 1866 à 1870. — Extrait des débats parlementaires. — Trois projets repoussés. — Armée active. — Garde mobile. — Fusils. — Canons. — Fortifications. — Avertissements du maréchal Niel. — Son désespoir. — Illusions de l'Ecole orléaniste. — Illusions de l'Ecole républicaine. — Comme en Autriche ! — Le gouvernement personnel. — Rôle de la Presse radicale. — La victoire dans ces conditions est-elle possible ? — Ce qu'on en pense. — Ce qu'on pense de notre infériorité numérique. — Ce qu'on pense de notre artillerie. — On aura trois mois pour se préparer. — La Prusse ne tiendra pas un mois. — Nos alliances. — Pourquoi nous n'avons pas été prêts. — Odieuse comédie.

On reconnaîtra donc, — il le faudra bien, — que le gouvernement impérial ne pouvait éviter la guerre, que le pays devinant le parti-pris de la Prusse, l'inévitable fatalité d'un conflit lui avait clairement manifesté l'intention d'en finir... Mais, ajoutera-t-on, pourquoi le pays l'a-t-il fait ? Parce qu'on l'avait trompé; parce qu'on lui avait caché la supériorité numérique de l'armée prussienne sur la nôtre.

Cette supériorité, on a supposé tout d'abord que le

gouvernement impérial l'ignorait lui-même, et l'on a flétri l'incurie de tous ses agents. Que faisaient-ils donc? Quelle ineptie avait présidé à leur choix? A quoi servaient ces fonctions d'attachés militaires, inventées par l'Empire pour quelques-uns de ses favoris? M. Stoffel, notre attaché militaire à Berlin, n'était-il pas un ancien officier d'ordonnance de l'Empereur, une créature des Tuileries? Tout s'expliquait dès lors!... Mais voilà qu'on trouve les rapports de M. Stoffel. Ils sont précis, ils sont concluants. Alors le thème change brusquement. Hier on écrasait l'Empire avec le baron Stoffel ignorant la situation; avec le baron Stoffel, la connaissant à fond, on l'écrase aujourd'hui. Ce n'est plus un favori, ce n'est plus un officier de cour, c'est un homme instruit, prévoyant qui n'a pu se faire écouter. Quand ses rapports ont été publiés, l'indignation fut vive. Un grand nombre de journaux de Paris, de province, certains hommes d'Etat du nouveau régime ont présenté cette *révélation* comme une charge nouvelle et terrible pour le régime impérial. Quoi! il savait! On ne peut en croire ses yeux! L'*Opinion Nationale* demande que ce fait inouï, auquel elle consacre un article intitulé: *La condamnation du gouvernement déchu*, soit affiché « dans toutes les communes et dans tous les hameaux. » Quant au *Journal des Débats*, cette découverte étrange le plonge « dans la stupeur; »
— « l'indignation ne vient qu'en second lieu. »

En vérité, quand on rencontre dans la partie la plus éclairée, la plus instruite du public, dans celle qui fait de la politique son étude exclusive et qui prétend, à ce titre, inspirer, guider les autres, une telle légèreté, un si complet oubli des faits les plus récents et les plus essentiels, on est moins surpris de nos malheurs et des crises terribles auquel notre pays est périodiquement soumis.

De quoi s'étonner en effet, quand on entend des journaux dont le but est de conduire l'opinion publique, de peser sur la direction de nos affaires, avouer que par eux-mêmes, sur cette question à la fois si peu obscure et si importante pour les intérêts qu'ils discutent chaque jour, — les forces de la Prusse, — ils n'avaient pas pris la peine de s'instruire et de rechercher la vérité. Mais ce n'est rien encore ! Que penser, que dire, quand on se rappelle que cette vérité qu'ils accusent le pouvoir de leur avoir cachée, le pouvoir la leur a mise cent fois sous les yeux ; que tout ce que lui apprenait le baron Stoffel il le portait à leur connaissance, à la connaissance du pays incrédule.

Quoi ! ils ont oublié, et ils l'avouent ! que *chaque année*, depuis 1866, le gouvernement indiquait *plusieurs fois* par ses déclarations à la tribune, par des notes ou des correspondances insérées au *Journal Officiel*, le chiffre et l'organisation des forces militaires de la Prusse ; qu'un cadre aussi restreint ne suffisant pas à un exposé minutieux, il fit publier plusieurs ouvrages spéciaux, tels que *l'Armée de la Confédération du Nord de l'Allemagne* (1) ; qu'au

---

(1) Par M. Samuël, capitaine d'état-major. — Le livre allemand

moment même où la Chambre, la presse, le pays allaient se prononcer sur la grande question de la paix ou de la guerre, c'est-à-dire le 10 et le 11 juillet 1870, il fit paraître dans les journaux dévoués au ministère, un long extrait de ce livre, précédé de ces mots : « *Au moment où la France va peut-être en-* « *gager une lutte décisive contre cette grande machine* « *militaire décorée du titre de Confédération de l'Alle-* « *magne du Nord, il est nécessaire que l'on sache que* « *notre ennemi possible n'est pas à dédaigner et qu'il* « *dispose de forces considérables* ; » et terminant par ceux-ci : « *C'est donc pour les trois groupes réunis* « (*de la Confédération du Nord*) : 906,000 *hommes et* « 17,000 *chevaux.* » Ils oublient que la plupart des journaux d'opposition (probablement eux-mêmes) reproduisirent cet article, en indiquant qu'ils l'empruntaient « aux feuilles officieuses. »

Ils oublient enfin que ces communications constantes du gouvernement étaient constamment contredites, — par qui ? par les orateurs et par les écrivains de l'opposition : que, dans la séance du 30 juin 1870, au moment où la Prusse mettait la dernière main à ses préparatifs, les membres de la gauche combattaient encore les calculs alarmistes du ministre de la guerre.

Oui, le pays a été trompé, mais par lui seul. Il a eu de grandes illusions, mais il se les est faites à lui-

---

sur les *Défenses naturelles et artificielles de la France*, dont il est question dans le chapitre précédent, avait été lui-même traduit en français et publié par le *Spectateur militaire*.

même. Il a péché par l'excès de sa confiance en lui et de son dédain pour autrui. Ce qui nous a perdus, avant comme pendant la guerre, c'est que, par un vice traditionnel, nous n'avons pas admis l'hypothèse d'une défaite. Le résultat de la victoire était la seule chose dont s'occupassent les pacifiques aussi bien que les belliqueux. Qu'on se rappelle un petit fait, contenant une grosse leçon. Au début des hostilités, il parut plus de trente *Cartes du théâtre de la guerre*. Que représentaient-elles toutes, sans exception? L'Allemagne entière, un coin imperceptible de la France! Nous entrions en lutte avec un pays limitrophe et la perspective du sol envahi ne nous apparaissait pas. Nous mettons un pied en Allemagne : c'est la guerre. Les Prussiens, nous repoussent et franchissent, derrière nous, la frontière : c'est l'invasion! c'est-à-dire un désastre invraisemblable, un de ces fléaux qu'on ne pouvait prévoir!

L'Empereur, en quittant Paris, dit à nos soldats :

« Vous allez combattre une des meilleures armées de l'Europe. La guerre sera longue et pénible ». On voit dans ces paroles une affectation de courtoisie française, une réserve peut-être exagérée. Qu'est-ce que cela? Nous en avons vu bien d'autres! **A Berlin ! à Berlin !**

Eh bien! soit; en ceci l'Empire nous a dit la vérité. Mais s'il ne nous a pas trompés de ce côté, il nous a trompés d'un autre? S'il nous a fait connaître la force des Prussiens, il nous a dissimulé notre faiblesse, qu'il ne pouvait nous avouer sans se condamner lui-même! Il nous a dit que nous avions des soldats, des armes, des munitions ; ce n'était pas vrai ! « Quand Napoléon III, dans les *Exposés de la situation de l'Empire*, étalait une force de TROIS MILLIONS de fusils et de 8,000 canons, IL MENTAIT DOUBLEMENT (1). » On lui avait donné cependant bien de l'argent, tout l'argent qu'il avait demandé. Que devenait-il ? Mystère ! Pendant que les millions s'engloutissaient sans doute dans quelque gouffre honteux, on ne préparait rien, on n'organisait rien. « Oui, ce gouvernement, *qu'on ne sait plus comment qualifier*, connaissait de la manière la plus précise, les éléments de supériorité de l'armée prussienne, et, LOIN DE CHERCHER ACTIVEMENT, STUDIEUSEMENT A CORRIGER L'INFÉRIORITÉ DE NOTRE ORGANISATION MILITAIRE, *par la plus inconcevable des fascinations, il se jetait dans l'abîme, en nous trompant, pour nous y entraîner avec lui... Pouvait-on prévoir un aveuglement et un mensonge* PEUT-ÊTRE SANS EXEMPLE DANS L'HISTOIRE ? Si l'on nous eût dit la vérité, nous eussions avisé; l'opinion publique aurait secoué l'inertie routinière, où dormaient, les yeux ouverts, ceux qui avaient le pouvoir de réformer nos institutions militaires (2). » — « Comment expliquer que de 1867

---

(1) *Gazette du Midi*, 16 janvier. — La *Gazette du Midi* est l'un des plus importants, peut-être le plus important organe de l'opinion légitimiste en province,

(2) Le *Journal des Débats*.

à 1870 le maréchal Lebœuf et son prédécesseur le maréchal Niel, n'aient RIEN TROUVÉ DE MIEUX ET DE PLUS A PROPOSER aux Chambres législatives, que la création, sur le papier, d'une garde nationale mobile, dont le vrai nom eût été garde nationale illusoire ; car, pendant toute la seconde moitié de 1869, pendant toute la première moitié de l'année 1870, il semble que le gouvernement impérial se soit appliqué à ne pas la réunir et à ne pas l'instruire, afin sans doute de n'avoir pas à l'armer. C'est là un crime que toute expiation, si inexorable qu'elle soit, serait insuffisante à racheter. Ce crime impardonnable est celui des ministres de l'Empire, qui se sont succédé de 1867 à 1870 (1).... »

Telle est la seconde accusation. Je ne l'ai pas atténuée, je l'ai raportée dans toute sa rigueur. Est-elle plus fondée que la précédente? Pas plus. Comme la précédente, elle atteste chez ses auteurs une étrange défaillance de mémoire, à laquelle nous devons encore suppléer.

Faut-il descendre jusqu'à justifier les ministres de l'Empereur, au sujet des fonds détournés du budget de la guerre et affectés à un mystérieux emploi (2)? Misérable histoire, ramassée d'abord

---

(1) *La Liberté.* — Lettre de M. E. de Girardin.

(2) Vingt-cinq, trente, cinquante millions auraient été ainsi détournés chaque année ! Un journal, rédigé par un écrivain à qui son langage passé aurait dû cependant imposer quelque réserve, a eu l'étrange hardiesse de dire: « *On sait* qu'outre sa liste civile, Napoléon III percevait 25 millions par an sur le budget de la guerre. » ON SAIT !...

par une feuille américaine, à laquelle on ne pourrait faire un crime d'ignorer jusqu'à l'existence de notre Cour des Comptes, mais qu'on a été surpris de retrouver dans quelques journaux de notre pays. Car en la publiant, ces journaux avouaient implicitement : ou qu'ils éditaient, de parti pris, une monstrueuse calomnie, ou qu'ils ne savaient pas le premier mot de notre comptabilité publique.

Passons. Laissons là ces turpitudes sur lesquelles nous ne saurions nous appesantir sans dégoût. Démontrons seulement ce qu'il importe de démontrer : c'est-à-dire ces trois points :

Le gouvernement impérial a dit tout ce qu'il faisait.

Il a fait tout ce qu'il pouvait.

S'il n'a pu davantage, l'obstacle est venu du dehors et surtout du parti qui lui reproche aujourd'hui son inaction.

Il ne me sera pas difficile de l'établir, je n'aurai qu'à ouvrir le *Journal officiel.* Mais je souffre réellement d'avoir à produire, comme une découverte historique, ce qui s'est passé au grand jour, ce qui s'est dit à la tribune du pays il y a un an, deux ans, trois au plus !

Le gouvernement a tout dit.

Tout dit à la tribune, comme nous le verrons plus loin ; tout dit dans les *Exposés de la situation de l'Empire,* que tous les journaux reproduisaient, que tout le monde par conséquent a dû lire. Ce n'est pas sans un certain trouble d'esprit que je me reportai à ces derniers documents : je me croyais bien sûr de mes souvenirs ; pourtant l'assertion de la *Gazette du Midi* était si positive ! Elle affirmait si nettement que l'Empereur avait MENTI en étalant « dans ses *Exposés de la situation de l'Empire* 8,000 canons et 3,000,000 de fusils ! » Pouvais-je penser qu'une accusation si grave était portée sans preuves ? J'ouvre donc l'*Exposé* de la dernière session, et j'y vois ce qui suit :

CANONS. Leur nombre n'est pas indiqué. Il ne l'était pas davantage dans les exposés précédents ; mais cette lacune a été plusieurs fois comblée par les déclarations du ministre de la guerre, et le chiffre qu'il a donné est (nous le verrons) inférieur *de plus des cinq sixièmes* à celui qu'avance la *Gazette du Midi*.

FUSILS. « Le nombre de fusils nouveau modèle, est, au 1er janvier 1870, de 926,000 ; le nombre des anciens fusils transformés par l'industrie privée, de 347,000. Total : 1.273,000.

EFFECTIF. « L'effectif de l'armée active se décompose de la manière suivante :

Intérieur..................	365,179	hommes
Algérie...................	63,925	»
Etats-Pontificaux..........	5,252	»
Total..........	434,356	hommes

« Mais il convient de déduire de ce chiffre le total DES HOMMES EN CONGÉ QUI NE S'ÉLÈVE PAS A MOINS DE 108,000 HOMMES. L'*effectif réellement présent sous les drapeaux n'est plus dès lors que de* 325,525 *hommes*. Quant à l'effectif de la réserve, il était de 218,816, soit pour l'armée active et la réserve un total de 647,172 hommes.

Garde mobile. « La formation des cadres, complète à Paris, est en outre suffisamment avancée dans *les trois premiers corps d'armée* pour permettre de réunir immédiatement, si les circonstances le rendaient nécessaire, les immatriculés dans les circonscriptions de ces trois commandements. »

Tout cela était insuffisant, soit ! Nous avions trop d'hommes en congé ; et, par suite, notre passage sur le pied de guerre ne pouvait se faire assez rapidement (c'est l'une des principales causes de nos désastres, en effet). — D'accord. Nous n'avions pas assez de fusils pour armer le pays envahi. — J'en conviens. La garde mobile aurait dû être tout entière formée, armée, équipée, instruite. — Tout cela est parfaitement vrai.... Mais tout cela, le gouvernement l'a dit, redit tous les jours pendant quatre ans. On ne l'a pas écouté. Je le répète, et c'est le second point qu'il s'agit de démontrer :

Il a fait tout ce qu'il pouvait.

En effet :

A peine le coup de foudre de Sadowa avait-il éclaté, que l'Empereur comprit la situation nouvelle et la nécessité d'y remédier par l'augmentation de notre effectif et la transformation de notre armement. Avec un empressement qu'on taxait de « fâcheuse précipitation, » il réunit une grande commission militaire et lui demanda de résoudre ce problème : constituer, avec le moins de dépense possible, une force de 1,200,000 hommes, dont deux tiers d'armée active et un tiers de réserve. Dès le 12 décembre 1866, le *Moniteur* annonçait que la commission avait achevé son œuvre et résolu le problème. La note qui analysait son projet en caractérisait ainsi la portée :

> Ce projet donne à la France 1,200,000 soldats exercés et n'augmente que faiblement les charges du budget. Il discipline la nation entière, en l'organisant bien plus dans une pensée de défense que dans une pensée d'agression. Il relève l'esprit militaire sans nuire aux vocations libérales. Il consacre enfin ce grand principe d'égalité que tous doivent le service au pays en temps de guerre et n'abandonne plus à une seule partie du peuple le devoir sacré de défendre la patrie.

Maintenant quelle était l'économie du nouveau système ? Un membre de l'opposition, M. Magnin, va nous l'apprendre dans son discours du 19 décembre 1867 :

> Le 12 décembre 1866, le *Moniteur* annonça à la France qu'une nouvelle organisation militaire allait lui être présentée. Cette organisation militaire, dans ses points principaux, contenait ceci : on devait appeler tous les ans sur la classe qui est approximativement de 326,000 hommes 160,000 hommes, c'est-à-dire la totalité du contingent Cette totalité du contingent se divisait ainsi : armée active comprenant 80,000 hommes, réserve comprenant 80,000 hommes qu'on divisait en deux bans. L'une et l'autre de ces deux classes devaient donner six ans de service sous les drapeaux. On créait ensuite une garde nationale mobile dont la durée était de trois ans. Au moyen de cette combinaison, on obtenait 1,232,000 soldats.

Grâce à l'impulsion donnée par les journaux de l'opposition, ce projet fut mal accueilli. Demander à toute une classe le service en temps de guerre, parut une prétention monstrueuse; « discipliner la nation tout entière » une impertinence césarienne. On souleva l'opinion qui força le gouvernement à retirer son projet. On enregistra cet échec du pouvoir avec une certaine fierté; on ne négligea nulle occasion d'en revendiquer l'honneur. M. Magnin n'eut garde d'y manquer. Nous lisons dans son discours :

> Vous savez quelle explosion de cris s'éleva dans toute la France à l'annonce de ce projet de loi. Personne ne pouvait et ne voulait l'accepter. Il fut soumis au Conseil d'Etat qui l'examina dans sa séance du 7 mars; on nous apporta le projet de loi précédé d'un exposé de motifs qui *modifiait le projet de la haute Commission dans ce qu'il avait d'exorbitant*. En effet ce nouveau projet faisait une coupure dans le service. On prenait encore 160.000 hommes ; dans l'armée active on servait cinq ans, puis quatre ans dans la réserve. Ceux qui ne faisaient pas partie de l'armée active servaient quatre ans dans la garde mobile.

Quel accueil reçut ce nouveau projet, déjà moins efficace que le premier ?

> Ici, Messieurs, il y eut encore une opposition très-vive et très-ardente au projet de loi, opposition à laquelle votre Commission s'est associée dans une certaine mesure, ce dont je suis, pour ma part, heureux de la féliciter.

Les amendements de la Commission avaient fait du projet du Conseil d'Etat, un troisième système beaucoup moins radical. Ce projet fut-il mieux accueilli que les deux autres ? Non.

> L'opinion publique ne lui a pas été plus favorable qu'à ceux qui avaient été précédemment écartés, et l'Empereur est venu annoncer à l'ouverture de la présente session que des modifications seraient apportées au projet de loi à l'état de rapport. IL NE S'AGISSAIT

PLUS DE MILITARISER LA NATION, *mais de modifier quelques dispositions de la loi de* 1832.

Ces modifications formèrent le projet définitif qui fut déposé sur le bureau de la Chambre à la fin de l'année 1867. Que ce projet fût insuffisant, je le pense. Mais le pays, excité par les organes de l'opposition, n'en avait pas voulu accepter d'autre. C'était le *maximum* des charges qu'il consentait à supporter. Aussi en présence de ce QUATRIÈME projet, œuvre de la Chambre, si différent du premier, œuvre du gouvernement, pouvons-nous trouver exorbitante cette assertion du *Journal des Débats* : qu' « aveuglé par une incroyable fascination, l'Em-
« pire n'avait pas cherché à corriger notre organisa-
« tion militaire; » et cette autre de M. de Girardin : que les ministres de l'Empereur ont été des criminels, pour n'avoir rien su trouver « DE MIEUX NI DE PLUS A PROPOSER AU PAYS. »

Mais ce quatrième projet fut-il du moins voté tel qu'il fut présenté ? Non. Il fut encore singulièrement affaibli. Pourquoi ? Par qui ? Nous allons le savoir, en empruntant aux adversaires et aux défenseurs de la loi leurs principaux arguments.

Contre la loi.

JULES SIMON (1). — « Le but principal du projet pré-

---

(1) Membre du Gouvernement du 4 septembre.

senté l'année précédente, était de demander une force armée de 1,200,000 hommes... J'insiste avant de passer outre sur l'énormité de ce chiffre de 1,200,000 hommes... Après des transformations considérables, dues à l'opinion publique, au zèle des membres de la Commission, à des concessions faites par le gouvernement, on en est venu au projet actuel. » Mais, on le voit bien, vous voulez toujours une armée de 800,000 hommes, et pour y arriver, vous créez la garde mobile. La loi qui fait cela, « ce n'est pas seulement une dure loi, c'est une loi impitoyable, » qui ne pèse pas seulement sur les appelés, mais sur la population tout entière. Car, loger les gardes mobiles chez l'habitant, comme vous le proposez, « c'est ajouter un nouvel impôt à tous ceux qui nous écrasent. » Enfin, les conséquences politiques du nouveau système, seront plus désastreuses encore que ses conséquences matérielles, et la loi qu'on propose est surtout mauvaise, parce qu'elle constituera « une aggravation de la toute-puissance de l'Empereur...Ce qui importe, ce n'est pas le nombre des soldats, c'est la cause qu'ils ont à défendre. Si les Autrichiens ont été battus à Sadowa, c'est qu'ils ne tenaient pas à vaincre pour la maison de Habsbourg contre la patrie allemande. Oui, Messieurs, il n'y a qu'une cause qui rende une armée invincible, c'est la liberté. »

M. MAGNIN (1) — « Déjà une première fois, en 1841, on songea à aggraver les charges militaires du pays. On était saisi de cette même crainte qui s'était emparée du gouvernement. On s'imaginait que la patrie était menacée Par bonheur on discuta longtemps et le projet fut abandonné. J'espère que vous voudrez bien suivre ce précé-

---

(1) Membre du Gouvernement du 4 septembre.

dent. Le mieux serait de ne point innover. Cependant, si l'on veut à tout prix un supplément de forces, c'est dans *l'augmentation des contingents, en cas de guerre, qu'il faut le chercher.* »

La loi présentée a deux inconvénients principaux : elle entrave l'accroissement de la population et pèse trop lourdement sur elle. « Les armées permanentes, en théorie, sont jugées et condamnées. L'avenir appartient à la démocratie armée... La loi que vous faites n'a pour but et n'aura pour résultat, que d'accroître ENCORE NOS FORCES et d'épuiser nos finances. (M. GARNIER-PAGÈS. — Très-bien! Très-bien!)... Je repousse donc la loi parce qu'elle est une surcharge imposée à la nation; je la repousse parce qu'elle est anti-démocratique, anti-égalitaire, et laissez-moi espérer que les mandataires du suffrage universel ne voteront pas une augmentation de charges aussi considérable. »

M. PICARD (1). — « Je me demande comment, en présence des forces et des succès de la Prusse, le gouvernement a cédé à cette pensée que j'ai déjà discutée, et permettez-moi de le dire désapprouvée dans d'autres circonstances, de chercher les forces de la France *dans l'exagération du nombre d'hommes*, alors que, précisément, il avait en face de lui un État qui, malgré son infériorité numérique, avait su conquérir la victoire. »

Sur l'article 1er, les membres de la gauche présentent un amendement portant suppression absolue de l'armée permanente et la remplaçant par des gardes nationaux, astreints à faire l'exercice le premier et le troisième dimanche de chaque mois, et à passer, tous les six ans, trente jours dans un camp de manœuvres. Seuls les officiers ins-

---

(1) Membre du Gouvernement du 4 septembre.

ructeurs feraient un service permanent. Cet amendement serait mis en vigueur *le 1ᵉʳ juillet* 1869.

M. Jules Simon le défend : — « Je suis convaincu qu'en prenant le système que nous vous proposons, on arriverait à avoir de meilleurs tireurs et des hommes *plus aguerris* que vous n'en aurez avec votre dur système de cinq ans de service actif... *Il manque pourtant quelque chose à notre armée ainsi conçue*, C'EST L'ESPRIT MILITAIRE... C'est en effet une armée de citoyens, NON DE SOLDATS... Au lieu d'une armée imbue de l'esprit militaire, nous voulons une armée de citoyens qui soit invincible chez elle et HORS D'ÉTAT de porter la guerre au dehors. » Elle fera disparaître l'excessive discipline qui tue le citoyen dans le soldat : « dire à un homme que son premier devoir est d'obéir immédiatement, sans réflexion, à ses chefs (je ne blâme rien, je constate!), cela résulte du principe des armées permanentes, c'est là ce qu'on nomme l'esprit militaire. (M. Pelletan. — C'est l'esprit prétorien!)... Le militarisme est la plaie de l'époque... Il n'y a pas d'armée sans esprit militaire, me dit-on. *Alors nous voulons* UNE ARMÉE QUI N'EN SOIT PAS UNE... »

M. Jules Favre (1). — Pourquoi tous ces préparatifs, si nous devons rester en paix? « Est-ce qu'il n'y a pas quelque chose d'anormal dans l'attitude d'un ministre de la guerre autorisé, respecté comme le nôtre, qui nous déclare que la nature des choses veut que notre effectif militaire soit augmenté, alors que cependant il affirme que la France n'est pas menacée et qu'en réalité elle ne menace personne... Soyez-en sûrs, nos véritables alliés, ce sont les idées, c'est la justice, c'est la sagesse... La

---

(1) Membre du Gouvernement du 4 septembre.

nation la plus puissante est celle qui peut désarmer. »
Donc, au lieu d'augmenter nos forces, rapprochons-nous
sans cesse du désarmement.

M. Emile Ollivier. — « Où est la nécessité? où est
le péril? Qui nous menace, qui nous inquiète? Personne...
Est-ce le chiffre de l'armée prussienne qui vous inquiète?
L'armée prussienne est une armée essentiellement défensive... Si vous persévérez dans votre politique actuelle,
la guerre vous saisira malgré vous. » Il n'y a que deux
moyens d'assurer la paix : « Repousser la loi et établir un
gouvernement constitutionnel libéral. »

M. Garnier Pagès (1). — Il n'y a qu'une bonne organisation militaire : la levée en masse! « Lorsque nous avons
fait la levée en masse, nous avons vaincu la Prusse et
nous sommes allés à Berlin. *(Protestations :* Comment!
des levées en masses... en 1807 ?). Chaque puissance, à
son tour, vient nous affirmer que l'influence matérielle,
l'influence de la force armée est la seule puissance. La
vraie puissance, croyez-le, c'est l'influence morale. »

M. de Janzé. — Il faut désarmer. C'est la France qui
menace la Prusse. Qu'on nous ramène aux contingents de
60,000 hommes. Maintenant, si la guerre éclate, « DEUX
OU TROIS MOIS AVANT L'OUVERTURE DES HOSTILITÉS, VOUS
DEMANDEREZ DES SOLDATS A LA CHAMBRE, ET ALORS ON VOUS
EN DONNERA DEUX MILLIONS S'IL LE FAUT. »

M. Louvet. — La loi sera une charge trop lourde pour
la population. Les armées trop nombreuses ne sont pas
une bonne chose, elles entraînent de grands inconvénients. « Je préfère, disait le maréchal Soult, la qualité
« à la quantité, car la quantité nous a toujours été fatale

---

(1) Membre du Gouvernement du 4 septembre.

« et la qualité nous a toujours assuré la victoire. » S'il y a des besoins extraordinaires, on demandera de gros contingents.

M. Buffet trouve le chiffre de 800,000 hommes exagéré. Demande que le temps de service soit réduit d'une année.

Le colonel Réguis. — Il vaudrait bien mieux conserver la loi actuelle et, en cas de guerre, faire des appels extraordinaires. « Comme *entre la déclaration de la guerre et le commencement des hostilités* on aura toujours DEUX ou TROIS MOIS devant soi, » cela suffira pour opérer des réquisitions et instruire les appelés.

M. Bethmont. — Nous demandons « qu'on maintienne la garde mobile dans ses foyers, » ou du moins qu'on ne l'en éloigne pas « *pendant plus de vingt-quatre heures.* » Cette loi est mauvaise parce qu'elle arme le gouvernement sans armer la nation.

M. Thiers. — N'admet pas la garde mobile. Il y a un mot qui a déjà caractérisé cette institution : « *Plus de bons numéros!* » C'est trop dur. Le vrai système en temps de guerre est celui des cohortes. (M. Millon. — Avant qu'elles soient formées, l'ennemi serait à Paris!)

M. Picard. — L'ancienne garde nationale était bien préférable et d'un secours plus efficace. Dans la nouvelle loi « on s'est placé exclusivement au point de vue militaire, non au point de vue civil. »

M. Thiers. — « Il y a une chose qu'on oublie. On dirait qu'il n'y a que la garde nationale pour défendre le pays, et que la garde nationale mobile n'étant pas constituée, la France est découverte. Je vous le demande, à quoi nous servirait donc cette admirable armée active, qui nous coûte quatre à cinq cent millions par an? Vous supposez donc qu'elle sera battue dès le premier choc, et que la France sera immédiatement découverte?... ON VOUS PRÉSENTAIT L'AUTRE JOUR DES CHIFFRES DE 1200, DE 1300, DE 1,500,000 HOMMES, COMME ÉTANT CEUX QUE LES DIFFÉRENTES PUISSANCES PEUVENT METTRE SOUS LES ARMES. Je ne dis pas que ce soit sur ces chiffres qu'on ait fondé votre vote, mais enfin ils vous ont fait éprouver, quand on vous les a cités, une impression fort vive. EH BIEN! CES CHIFFRES-LÀ SONT PARFAITEMENT CHIMÉRIQUES... LA PRUSSE, SELON M. LE MINISTRE D'ÉTAT, NOUS PRÉSENTERAIT 1,300,000 HOMMES. MAIS, JE LE DEMANDE, OÙ A-T-ON VU CES FORCES FORMIDABLES? *La Prusse, combien d'hommes a-t-elle portée en Bohême, en 1866? 300,000 environ...* C'est que, Messieurs, il ne faut pas se fier A CETTE FANTASMAGORIE DE CHIFFRES... CE SONT LÀ DES FABLES QUI N'ONT JAMAIS EU AUCUNE ESPÈCE DE RÉALITÉ. » *(Approbation autour de l'orateur).* Donc, qu'on se rassure, notre armée suffira pour arrêter l'ennemi. Derrière elle, « le pays aura le temps de respirer » et d'organiser tranquillement ses réserves. « EST-CE QUE VOUS N'AUREZ PAS TOUJOURS DEUX OU TROIS MOIS, C'EST-A-DIRE PLUS QU'IL NE VOUS EN FAUDRA pour organiser la garde nationale mobile et utiliser ainsi le zèle des populations? D'ailleurs, les volontaires afflueront. Vous vous défiez beaucoup trop de votre pays... J'ai acquis quelques connaissances de ces matières; croyez-moi, ne faites pas la garde mobile et consacrez à l'armée les vingt-cinq ou trente millions qu'elle vous coûterait. »

M. MALEZIEUX.—Cette loi est exorbitante. Le bons sens public l'a jugée en disant : « C'est la loi des 45 centimes de l'impôt militaire. » *(Approbation autour de l'orateur).*

M. JULES SIMON. — « Il est bien connu ici et au dehors que, s'il s'agissait de faire une guerre nationale, nous ne refuserions aucun moyen de la faire prompte et glorieuse. Il est également connu que, quand on parle d'aguerrir la nation et de lui apprendre le maniement des armes, nous sommes les premiers à en suggérer les moyens. Mais j'espère qu'on nous rendra aussi la justice de dire que toutes les fois qu'il a été question d'organiser ce qu'on appelle la paix armée, ON NOUS A TROUVÉS EN TRAVERS DE TOUVES LES MESURES PROPOSÉES POUR ARRIVER A UN BUT CONTRAIRE A TOUS NOS DÉSIRS, A TOUTES NOS ASPIRATIONS, A TOUS NOS PRINCIPES. » (*Approbation autour de l'orateur*).

Pour la loi.

M. JÉROME DAVID. — Cite contre le système de la levée en masse et son prétendu succès en 1792, les témoignages les plus nombreux, les plus compétents et les plus décisifs. Si la levée en masse et la force de l'idée étaient tellement efficaces, la Pologne eût-elle été aussi facilement écrasée par la Russie?

M. LE GÉNÉRAL LEBRETON, aux témoignages cités par le baron David, ajoute celui de ses propres souvenirs.

M. LE COMTE DE LATOUR. — Il est nécessaire d'augmenter nos forces et d'avoir constamment les yeux sur la Prusse. Elle dispose de 1,100,000 hommes, divisés en 16 corps, etc. Il faut donc voter la loi, affronter, pour faire notre devoir de Français, « les rancunes du corps électoral » dont nous menacent les journaux de l'opposition.

M. GRANIER DE CASSAGNAC. — L'élection des officiers est encore une chimère républicaine. Carnot raconte dans ses Mémoires, qu'il fut même obligé de réformer 21,000 officiers élus.

M. Gressier, *rapporteur*. — Nos adversaires « conseillent au pays de désarmer et lui disent : Donnons l'exemple : toutes les nations voisines nous imiteront. (M. Garnier-Pagès. — C'est positif !) ... Déduction faite des non valeurs, la loi de 1832 ne nous permet de mettre en ligne que 289,000 hommes. Est-ce assez ? *(A gauche :* Oui ! Oui !)... Quel que soit notre désir de conserver la paix, il est fort à craindre qu'un équilibre aussi profondément troublé ne se rétablisse que par la guerre. (M. E. Ollivier. — Voilà ! c'est la guerre proposée ! — M. Haentjens. — C'est la théorie de la déraison humaine). »

Mais que le pays se rassure ; la Commission a pris soin de ses intérêts. Elle a remporté un sérieux succès ; grâce à elle, l'institution de la garde mobile ne sera pas ce qu'on en voulait faire. Les mobiles ne logeront pas chez l'habitant, n'iront pas aux camps d'instruction. Ils apprendront l'exercice chez eux. « On les dégrossira, la seule chose qui soit utile, nécessaire. On aura ainsi en fait une garde nationale mobile sur le papier. »

M. Rouher. — M. Thiers traite de fantasmagorie nos calculs. Ils sont pourtant exacts. La Prusse, en certains cas, pourra disposer de 1,300,000 hommes. « Et je prétends que c'est faire un fonds sérieux dans le courage éprouvé de nos soldats que de penser qu'avec une force de 750 à 800,000 hommes, la France pourra résister à une telle puissance militaire. » On ne doit pas oublier quelle distance il y a de l'effectif nominal à l'effectif disponible. Ainsi, en 1859, ayant 639,000 hommes sur le papier, nous n'avons pu en envoyer en Italie que 229,000. A Solférino, il n'y en avait que 107,000.

Le maréchal Niel. — « On vous demande d'armer la nation sans l'organiser. La vraie levée en masse sérieuse, pratique, — c'est le système prussien ». Quant à la levée d'hommes sans éducation militaire, c'est un monstrueux préjugé. De nombreuses citations établissent qu'en 92, le pays a été sauvé « malgré les levées en masse », qui ne servirent que l'ennemi, en jetant l'indiscipline dans l'armée et l'effroi dans la population. Appeler de gros contingents en cas de guerre est une autre illusion ! Avec la rapidité qu'ont acquise les opérations militaires, avant que les gros contingents fussent prêts à entrer en campagne, la guerre serait déjà finie.... On a contesté les indications que nous avions fournies sur l'armée prussienne, les chiffres que nous avions produits : nous devons les maintenir. Ils sont « de la plus rigoureuse exactitude.... » Pour combattre ces masses, les volontaires afflueraient ? « Hélas ! ce sont là des tableaux poétiques, moi je demande du positif. » Nous organiserons donc la garde mobile, dans les limites que nous impose la Commission. « Nous formerons les cadres, nous préparerons l'armement et l'habillement ; » mais « il faudra des fonds ; on ne fait rien avec rien ; ces fonds, vous nous les donnerez. Soyez persuadés que nous irons avec une extrême prudence. » Quant à l'instruction des gardes mobiles, eh bien ! rassurez-vous. Nous renoncerons à un déplacement général : « Quand je *vois les esprits prendre une certaine tournure, je ne veux pas qu'ils s'effrayent, je sais me contenter de moins.* On exercera les hommes à tirer à la cible, *sur les points où on pourra le faire, car aujourd'hui, avec la grande portée des armes, c'est difficile.* » Je ne sais trop comment nous ferons.... « J'attache une grande importance à ce que tous les hommes puissent être exercés au tir à la cible ou au tir du canon. MAIS IL SE PRÉSENTE UNE GRANDE DIFFICULTÉ. LA COMMISSION NE VEUT PAS ADMETTRE UN DÉPLACEMENT DE PLUS DE DOUZE HEURES. » Où trouver les emplacements nécessaires ? « C'est en vue de ces difficultés que la faculté de pouvoir réunir la garde mobile pendant huit jours avait été demandée par le gouvernement. *Ces raisons, je les ai exposées à la Commission.* JE N'AI PU LA CONVAINCRE. *La Commission a pensé que ce serait imposer un fardeau trop lourd aux populations.* » Ce sont là des paroles dangereuses. « Je crois que la garde mobile est appelée à un grand avenir, mais *si les populations se persuadent qu'on leur demande trop, leur zèle se ralentira.* » Enfin, nous commencerons modestement ; mais, « lorsqu'on aura vu le succès de la garde mobile *sur certains points*, je suis convaincu que vos idées se modifieront tellement, que *ce que vous nous refusez aujourd'hui, vous nous l'offrirez plus tard.* »

La loi, atténuée, mutilée par la Commission, est votée par 200 voix contre 60. Le tiers-parti (la dénomination de centre droit et de centre gauche n'existait pas encore) l'avait presque unanimement repoussée comme la gauche.

Ainsi le gouvernement s'étant vu, par trois fois, obligé de réduire ses prétentions, demande qu'on fasse du moins de la garde mobile une réserve sérieuse, une landwehr.

La *Gauche*, loin de vouloir augmenter les forces dont dispose le gouvernement, voudrait les réduire. Elle demande qu'à dater du 1ᵉʳ juillet 1869, infanterie, cavalerie, artillerie, génie, état-major, intendance de l'armée régulière disparaissent et soient remplacés par une infanterie, une cavalerie, une artillerie, un génie, un état-major, une intendance de bourgeois. Ni armée permanente, ni garde mobile. La garde nationale ordinaire, avec deux heures d'exercice tous les quinze jours, suffirait à nos besoins. S'il fallait quelque chose de plus, on aviserait le jour où la guerre serait déclarée. Oh! ce jour-là l'opposition ne refuserait rien. Mais la veille elle refuserait tout. Car, elle s'en vante, veut qu'on le sache et « qu'on lui rende la justice de le reconnaître, » elle est systématiquement, énergiquement opposée *« à toutes les mesures qui tendent à organiser ce qu'on nomme la paix armée, »* c'est-à-dire à la préparation de nos forces militaire avant la guerre.

Moins exclusif et par suite plus dangereux, le *Tiers-Parti* voudrait maintenir le *statu quo* : ni augmentation, ni réduction. Le colonel Reguis le lui conseille au nom de son expérience spéciale, M. Thiers au nom de son expérience universelle, beaucoup d'autres orateurs au nom de l'économie.

Pourquoi tout ce bouleversement ? Pourquoi ces charges nouvelles ? Les Prussiens ne sont pas si nombreux qu'on le dit. Il ne faut pas prendre au sérieux les chiffres du gouvernement; pure fantasmagorie! Mais quand ces chiffres fantastiques seraient sérieux, quand nous devrions tenir tête à ces masses formidables, le régime de 1832 suffit, puisqu'en cas de péril il permet d'appeler de gros contingents, de former des cohortes ou d'organiser les gardes nationales. Entre la déclaration de guerre et l'ouverture des hostilités il s'écoulera toujours *deux ou trois mois*. C'est plus qu'il ne faut pour former, armer, instruire ces troupes auxiliaires. Laissez donc les mobiles chez eux !

— Oui, répond la Commission, voulant se montrer *libérale* et faire une concession, nous les laisserons chez eux. Nous en ferons un corps sur le papier ; nous leur apprendrons l'exercice du chassepot et du canon sur la place de leur village.

— Difficile ! avec la portée des armes nouvelles, reprend le ministre de la guerre. Vous ne voulez nous donner qu'une garde mobile sur le papier ; nous aimerions bien mieux une garde mobile effective. Pourtant, puisque vous le voulez, et qu'après tout vous êtes les maîtres, nous nous exécuterons ; nous nous arrangerons comme nous le pourrons ; mais nous comptons bien que vous ne persévérerez pas dans cette voie funeste et que vous vous rendrez à l'évidence.

Et l'Empereur enfin, — que pensait-il dans ce conflit d'opinions ?... Il pensait que, avec de pareilles ressources, la revanche de Sadowa, dont le désir commençait à se manifester, serait bien difficile ; que, quant à lui, il n'en voulait pas assumer la responsabilité. Et il invitait le pays à prendre une part plus active à la direction de ses affaires, en lui laissant clairement deviner le motif qui le déterminait surtout à entrer dans la voie des concessions.

Le Corps législatif aura-t-il, comme l'espère le maréchal Niel, un accès de repentir ? Accordera-t-il au gouvernement plus de ressources qu'il ne lui en a donné par la loi nouvelle ? Non. Loin de là : tout ce qu'il pourra reprendre, au contraire, il le reprendra chaque année par la loi de finances. Loin de hâter l'entière application du nouveau système et la pleine satisfaction des besoins nouveaux, il les entravera, au contraire, par un souci exclusif de l'equilibre budgétaire. Si, au début de la guerre, nous avions tant d'hommes en congé, si nos arsenaux n'étaient pas mieux fournis, nos forteresses en meilleur état de défense, c'est à cette honorable mais excessive préoccupation d'économie que nous le devons. Pour montrer quel fut dans cette grave question, depuis quatre ans, le rôle de la Commission du budget, stimulée par le tiers-parti, poussé lui-même par la gauche, ennemie des institutions militaires et garante des intentions pacifiques de l'Allemagne, — quelques courts extraits seront encore nécessaires. Je les recommande à l'attention du lecteur. Aucun ne saurait être négligé. Tous nos revers sont là, pour qui sait lire.

1867

Interpellation sur les affaires d'Allemagne.

M. GARNIER-PAGÈS. — Il faut protester énergiquement contre ces paroles du message impérial : « L'influence d'une nation dépend du nombre d'hommes qu'elle peut mettre sous les armes. » Non. Son influence dépend « de ses principes. » Les alliances avec les gouvernements n'ont pas de valeur. Les alliances avec les peuples sont seules utiles. Les rivières, les montagnes, les forteresses ont fait leur temps. « La vraie frontière, c'est le patriotisme. »

M. Jules Favre. — Quoi ! c'est après quinze ans de règne, lorsque la dette publique s'est accrue dans de telles proportions, « qu'on vient décréter que la France entière sera disciplinée, et qu'au lieu d'être un atelier, elle ne sera plus qu'une vaste caserne !... » Qu'on ne fasse pas une nouvelle folie ; qu'on ne s'allie pas à l'Autriche dans l'espoir d'une commune revanche : « Faire alliance avec l'Autriche, c'est précipiter dans les bras de la Prusse les dix millions d'Allemands qui lui restent. »

Budget de la guerre.

(La gauche demande la réduction de l'effectif au chiffre de 340,000 hommes).

M. Garnier-Pagès — Si la guerre défensive, à laquelle le pays suffit, est légitime, la guerre offensive, pour laquelle on veut des armées, est le plus grand des crimes. « C'est pour cela que je viens faire appel aux députés de tous pays, à vous, Messieurs. Pesez sur vos gouvernements, refusez des subsides ; les peuples que vous représentez ne veulent pas se battre. »

Interpellation sur la politique extérieure.

M. Garnier-Pagès. — Les paroles officielles vous promettent la paix, et cependant nous n'entendons parler que de canons fondus, de fusils fabriqués, de forts édifiés; qu'est-ce que cela veut dire ?

M. Thiers *(s'adressant à la gauche)*. — « On vient soutenir ici, tantôt l'intérêt de l'Allemagne, tantôt l'intérêt de l'Italie, à ce point, qu'on pourrait se croire au Parlement de Berlin ou au Parlement de Turin... » Les nations peuvent faire, selon vous, tout ce qui leur plaît? « Son-GEZ DONC QU'EN RAISONNANT AINSI VOUS DÉSARMEZ LA FRANCE... Je ne blâme pas l'ambition chez les grandes nations; ce que je blâme, c'est la sottise, la duperie des nations qui se prêtent à tout ce que méditent leurs ennemis. » (M. Emile OLLIVIER. — Dites la générosité!)

1868

Appel du contingent.

M. PICARD. — On vous dit qu'il nous faut 800,000 hommes! « Depuis quand, Messieurs, parle-t-on, en France, ce langage? Depuis quand, vient-on dire publiquement dans une assemblée française, *non-seulement que nous avons des précautions d'une nécessité absolue à prendre pour la défense de nos frontières,* CE QUI EST, PEUT-ÊTRE, PRÉVOIR LE DANGER DE BIEN LOIN, *mais en même temps que, pour conserver à notre pays son autonomie, il nous faut une force de 800,000 hommes!...* » Rien ne justifie les armements exagérés qui écrasent le pays.

M. MAGNIN. — Le seul moyen d'assurer la paix, c'est de réduire l'effectif. « Associez-vous à notre amendement et vous aurez plus fait pour la paix du monde, que par tous les armements excessifs que vous mettez dans les mains du gouvernement. »

Le Président annonce incidemment qu'un député vient de demander le grade de chef de bataillon dans la garde mobile.

M. Magnin. — « C'est un moyen électoral. »

Le maréchal Niel. — « J'ai la conviction que, dans quatre ou cinq ans, vous aurez le plus grand regret d'avoir attaqué cette institution. »

Emprunt extraordinaire et Budget de 1869.

M. Garnier-Pagès énumère avec douleur les sommes demandées pour 1,200,000 fusils, nouveau modèle, pour la mise en état des places fortes, etc. « Avec quoi couvrirez-vous tout cela ? » Et à quoi cela vous servira-t-il ? Qu'est-ce que la force matérielle ? « *Ah ! si vous vouliez au contraire employer la force morale ! quelle puissance vous auriez si vous vouliez avoir confiance dans le peuple et dans la liberté !* Le budget de la guerre vous mène à la banqueroute. *C'est la plaie, c'est le chancre qui nous dévore !*... Oui, Messieurs, et si je pouvais trouver un mot plus fort, je l'emploierais, parce que je veux frapper les esprits... Si vous croyez à la paix, *contentez-vous de vos cadres*, mais réduisez le nombre de vos hommes. *Là-dessus, je sais que je suis complètement d'accord avec la Commission.* »

M. de Talhouet. — Nous proposons de porter à l'emprunt 91 millions pour la confection de 1,200,000 chassepots et la transformation de 350,000 anciens fusils. « *S'il a pu être établi en principe qu'on devait avoir trois fusils par homme lorsque le modèle paraissait définitif, ce n'est pas à une époque où les perfectionnements se succèdent avec une aussi grande rapidité qu'il fallait arriver de suite au maximum des réserves qu'on peut être appelé à faire.* » *Pour les places fortes* on nous a d'abord demandé CENT DIX MILLIONS ; ce premier projet ayant été écarté, on nous en a présenté un second, montant à SOIXANTE-SIX MILLIONS. La

Commission trouvant ce chiffre beaucoup trop élevé, n'a accordé que TRENTE-SIX MILLIONS. Nous aurions voulu obtenir une réduction de l'effectif, on nous a dit que la situation de l'Europe ne le permettait pas. « NOUS AVONS VOULU SURTOUT MONTRER NOS TENDANCES AU GOUVERNEMENT ET L'ENGAGER A RESTREINDRE LES DÉPENSES. »

M. THIERS blâme vivement les réductions, — d'un million quatre cent mille francs sur les attelages d'artillerie et de trois millions sur la solde par l'augmentation des congés, — que demande la Commission; admet les réductions portant sur l'habillement et sur les fusils neufs, tout en faisant remarquer que c'est une dépense simplement ajournée.

M. EMILE OLLIVIER. — On aurait tort de se trop presser pour la fabrication des fusils, puisque chaque jour amène un progrès nouveau... Que la France désarme et les Allemands sauront bien contraindre leurs gouvernements à l'imiter.

M. THIERS. — « Voici comment votre Commission s'est débarrassée des travaux de la guerre : on demandait cent quarante-quatre millions pour la transformation des fusils; elle en a accordé cent treize, ET ELLE A DIT : VOUS FEREZ 1,200,000 FUSILS CETTE FOIS. Mais est-ce que, dans la situation de l'Europe, vous entendez réduire l'armement de la France à 1,200,000 fusils? POUR L'ARTILLERIE, LA COMMISSION SE DÉBARRASSE DE TREIZE MILLIONS, et accorde DEUX MILLIONS CINQ CENT MILLE FRANCS. Eh bien! je dis qu'il faut transformer notre artillerie le plus tôt possible... » Pour les fortifications, la Commission accorde trente-six millions. C'est se livrer à *une illusion désastreuse* de croire qu'avec trente six millions on parviendra à mettre nos places fortes dans l'état où elles doivent être... *Quand on a demandé cent dix millions*, ON A DEMANDÉ L'INDISPENSABLE UNIQUEMENT. »

M. JULES FAVRE. — « Est-il nécessaire que la France se ruine pour ne pas faire la guerre et pour attendre qu'on ne la lui fasse jamais, puisqu'elle ne menace personne et n'est pas menacée ? *Qu'est-ce que je lis dans les documents officiels?...* Il faut que la France soit armée comme ses voisins; sa sécurité est attachée à ce qu'elle soit embastionnée, cuirassée, qu'elle ait dans ses magasins des monceaux de poudre et de mitraille, sans cela elle est exposée à périr. *J'avoue que ma conscience proteste contre de semblables propositions.* Vous dites qu'il est nécessaire que nous conservions ces fortifications dont nous entourons la moindre de nos bourgades dès qu'elle touche à la frontière; qu'il nous faut cette ceinture de villes fortifiées. Tout cela, permettez-moi de le dire, *c'est de l'ancienne politique, c'est de la politique de haine, ce n'est pas de la politique d'expansion et d'abandon... Que l'Empereur vienne dire que désormais il ne fera pas la guerre sans votre concours*, et alors vos budgets ne seront plus soldés en déficit. *Alors la France pourra prendre son rang dans le monde* et ne sera plus condamnée à des sacrifices stériles. VOILÀ LE DERNIER MOT DE LA QUESTION. »

M. GRESSIER soutient la demande d'augmentation des congés faite par la Commission. Cette demande est légère en elle-même. Mais ce que la Commission sollicite de la Chambre, C'EST UN VOTE INDIQUANT AU GOUVERNEMENT QU'IL DOIT ENTRER DANS CETTE VOIE.

LE MARÉCHAL NIEL refuse. Il est très-contrarié de se trouver en opposition avec la Commission du budget. Mais ce qu'on lui demande est impossible.

M. SEGRIS insiste au nom de la Commission.

Le maréchal Niel. — « Ce qu'on me demande est impossible... Je vous ai expliqué tout à l'heure que pour équilibrer mon budget *il me fallait déjà envoyer en congé 80 ou 90,000 hommes.* Eh! bien, Messieurs, en renvoyer 7,500 de plus dans les mêmes conditions, c'est impossible... Vous avez un ministre de la guerre qui fait tous ses efforts, et, permettez-moi de le dire, vous ne lui facilitez pas sa tâche en le mettant en présence d'impossibilités budgétaires. Nos cadres en officiers sont invariables; mais pour les sous-officiers, c'est bien différent. Si nous renvoyons un trop grand nombre d'hommes en congé, il faut bien que ces cadres aient leur part, et alors nous en affaiblissons la composition. Je suppose que j'accepte l'amendement et QUE L'ARMÉE SE TROUVE COMPROMISE, qu'il soit démontré que la mesure prise compromet la solidité de l'armée et QUE VOUS FAITES ÉCHOUER TOUT MON SYSTÈME.

Quelques membres. — Non! Non!

Le maréchal Niel. — « Je vous demande pardon; ce sont des choses que je connais parfaitement; ici j'en appelle à tous ceux qui ont une connaissance sérieuse de l'armée, si vous faites faire une tentative malheureuse, VOUS COMPROMETTEZ TOUT LE SYSTÈME. Mon système, c'est d'avoir une armée toujours disponible...

« Vous êtes frappé de la transformation de l'armement. Mais dans ce moment IL Y A UNE TRANSFORMATION PLUS IMPORTANTE ENCORE QUE LA TRANSFORMATION DE L'ARMEMENT, C'EST LE PASSAGE DU PIED DE PAIX AU PIED DE GUERRE. COMMENT SE FAIT-IL QUE CELUI QUI A L'HONNEUR DE PARLER DEVANT VOUS, et qui n'a d'autre espoir que celui d'arriver à l'organisation la plus économique, SOIT MIS DANS L'IMPOSSIBILITÉ D'ATTEINDRE LE BUT QU'IL SE PROPOSE. OUI, MESSIEURS, VOUS ME RENDEZ LA TACHE IMPOSSIBLE... »

Et je vois encore les regards désespérés, les gestes

suppliants du malheureux maréchal, essayant tous les moyens pour toucher le cœur de la Chambre. La Chambre ne se laisse pas fléchir ; sur quelques mots de M. Mège, et malgré l'énergique protestation du baron de Benoist, elle vote la réduction !

M. Gressier. — Demande au nom de la Commission le renvoi de 3,000 chevaux chez les cultivateurs, devant produire une économie de 700,000 fr.

Le maréchal Niel (d'une voix triste, avec une attitude de profond découragement). — « Messieurs, je viens combattre l'amendement de la Commission ; je ne dois pas vous dissimuler que je n'ai pas grand espoir de réussir. *Je ne pourrai pas soutenir longtemps le rôle qui consisterait à venir vous dire à chaque instant : Ce que vous faites pour l'armée est insuffisant*, car le pays pourrait croire qu'il n'a pas de forces suffisantes sous la main. Messieurs, permettez-moi de vous le dire, Je ne crois pas avoir toutes les qualités et vous me donnez des éloges que je ne mérite pas. (Si !)

« Mais je crois pouvoir vous affirmer que je suis un homme convaincu, je n'ai jamais reculé devant aucun devoir. Eh bien ! je vous déclare que je ne saurais pas remplir mon devoir si, à chaque instant, je montais à cette tribune pour vous dire que ce que vous me donnez est insuffisant, et si j'exposais ainsi le pays à douter de ses forces militaires au milieu de la situation actuelle de l'Europe. (*Mouvement prolongé*). Messieurs, je n'ai pas la prétention d'être l'homme nécessaire ; les hommes ne manquent pas dans notre pays, mais quand j'ai embrassé la mission de réorganiser l'armée, cette mission que l'Empereur m'a donnée et pour laquelle il veut bien me continuer sa confiance, mission dont je crois le succès assuré,

COMMENT POUVEZ-VOUS VOULOIR QUE L'ON ME REFUSE A CHAQUE INSTANT LES CHOSES QUE JE REGARDE COMME NÉCESSAIRES. »

M. Magnin. — « Alors il n'y a plus de Chambre, ni de contrôle. Il n'y a plus que l'Empereur et le ministre de la guerre. »

Le maréchal Niel. — ... On me force à donner des chiffres ! « Nous avons moins d'artillerie que toutes les autres puissances de l'Europe. Nous avons 2 pièces par 1000 hommes ; partout ailleurs on compte 3 pièces par 1000 hommes. *Il y a des inconvénients à entrer dans tous ces détails, je ne me le dissimule pas, et je répugne à dévoiler ainsi notre situation à chaque instant et sur chaque point ; mais je remplirai ma mission jusqu'au bout.* Eh bien ! au moment actuel il serait souverainement imprudent de descendre au-dessous d'une artillerie nécessaire pour servir 240,000 hommes. Je vous en supplie, Messieurs, laissez moi mes chevaux d'attelage et surtout ne me forcez pas à avouer en public mon insuffisance. Les autres cabinets suivent attentivement ces débats. C'EST LA QUE SE DÉCLARE LA GUERRE. *Et si l'on s'aperçoit que toutes les solutions sont prises contre le ministre de la guerre, il y a de grands inconvénients... Je dis que vraiment les choses publiques de l'armée ne peuvent être conduites de cette façon...* »

M. Jules Favre. — « C'est une erreur de croire qu'une nation n'est aujourd'hui véritablement forte qu'à la condition de se cuirasser et de se bastionner... Ayez donc confiance dans le patriotisme des populations. C'est là le meilleur des remparts, il vaut mieux que ceux que vous pouvez puiser dans les armes offensives et défensives ; et quand on vient vous demander des millions pour perfectionner tel ou tel engin de guerre, lorsque les hommes de guerre qui viennent vous faire ces réclamations, vous dire que vos économies sont déplacées, qu'elles tendent à affaiblir l'armée, certes ils ne se trompent pas, ils en savent à cet égard plus que nous, mais ils sont à certains égards de mauvais juges, car ils sacrifient tout à un point de vue spécial, et ils oublient trop par quelle force supérieure la France serait défendue si jamais elle était au moment du danger.... Je puis appliquer ces réflexions à ces demandes perpétuelles de crédit pour les fortifications.... Si nous voulions suivre tous les progrès de la science qui marche sans cesse, nous serions condamnés à nous épuiser dans des dépenses éternellement stériles qui iraient toujours en grossissant, sans jamais recevoir une application utile. à fortifier la France tout entière et à creuser un nombre considérable de fossés, dans lesquels nous engloutirions beaucoup plus de millions que d'ennemis. Messieurs, je proteste contre une telle exagération.... »

M. Busson-Billault.— La Commission demande une réduction de *cent mille francs,* qu'on obtiendrait en supprimant quatre escadrons dans les régiments de cavalerie de réserve et de cavalerie de ligne de la garde.

Le maréchal Niel proteste de son désir de faire des économies ; il a fait toutes les réductions possibles. Faire plus serait imprudent. « En ce qui concerne la cavalerie, nous avons déjà trente-six escadrons de moins qu'avant 1867. »

1869

Budget de la Guerre.

M. Pelletan demande pourquoi on arme les pompiers. « Vous ne les armez pas contre l'intérieur. Vous ne voudriez les armer qu'en cas d'invasion, *prévision tellement éloignée* que M. le ministre de la guerre s'indignerait si je la posais, et il aurait raison. »

M. Jules Favre demande où en est la garde mobile.

Le maréchal Niel. — « Pour ce qui concerne la garde mobile, vous avez vu au budget que L'ORGANISATION TOTALE DE CETTE GARDE COUTERA QUATORZE MILLIONS. VOUS NE M'AVEZ DONNÉ QUE CINQ MILLIONS, JE NE PUIS DONC PAS L'ORGANISER EN TOTALITÉ. Mais la garde nationale mobile sera organisée successivement par corps d'armée, en commençant par les 1er, 2me et 3me corps. J'espère qu'avec ces cinq millions, auxquels je pourrai faire quelques additions, si je parviens à réaliser quelques économies sur d'autres points, j'arriverai à l'organisation de la garde mobile dans ces trois corps d'armée... Ces trois corps d'armée seront, pour ainsi dire, le type de la garde mobile, qui se complétera ensuite AU FUR ET A MESURE QUE LE BUDGET LE PERMETTRA. »

M. de Tillancourt. — « Vous avez voulu, Messieurs, que la garde mobile ne fût pas une succursale, une dépendance, un accessoire de l'armée, et c'est pour cela que vous n'avez pas permis que les jeunes gens qui la composent fussent enlevés à leur domicile pendant plusieurs jours, ainsi que le gouvernement l'avait demandé. »

1870

Le maréchal Lebœuf est ministre de la guerre. Après avoir étudié la question de la garde mobile, il estime que l'organisation complète de ce corps exigerait une somme supérieure à celle que le maréchal Niel (dans son ardent désir de réduire la dépense à des limites acceptables) avait indiquée. Ce n'est pas quatorze millions, mais *trente-cinq ou quarante*, qui seraient nécessaires. La Chambre n'en a encore voulu donner que *cinq*. Jamais elle n'accordera les ressources suffisantes. Il faut donc renoncer à l'organisation primitive et en chercher une autre, plus économique. La Commission du budget le demande journellement et son rapporteur s'exprime en ces termes :

La garde nationale mobile ne doit pas être assimilée à la réserve de l'armée. Elle a son caractère propre ; elle peut être mobilisée par une loi, dans le cas où le territoire est menacé, pour veiller à la garde des frontières et à la défense des places fortes, et rendre ainsi à une portion de l'armée sa disponibilité. Elle serait, pour ces circonstances extrêmes, un auxiliaire puissant et utile, et elle ne faillirait pas à sa tâche. Mais, hors de là, et en temps de paix, elle doit laisser aux bataillons qui la composent toute la liberté de la vie civile.

Qu'elle soit organisée à l'avance, sur des régistres régulièrement tenus, qui permettent, le cas échéant, son appel immédiat, et que ces cadres soient prêts à fonctionner, cela est nécessaire sans doute, mais cela suffit. En maintenant l'institution comme une sauvegarde des mauvais jours, on doit procéder à son organisation dans les conditions les plus économiques et les plus simples, se borner au nécessaire et éviter les gênes superflues et les dépenses inutiles.

Le crédit est réduit à deux millions.

Proposition de M. de Kératry relative au recrutement de l'armée.

M. DE KÉRATRY. — « Lorsque M. le maréchal Niel est

venu proposer la loi sur la garde mobile, il a espéré un instant que la Chambre, abondant dans ses vues, voudrait bien faire entrer dans un budget régulier des sommes considérables pour l'installation et la création des gardes mobiles.

« Ce n'est qu'en présence de certaines résistances qui ont été manifestées, que le département de la guerre s'est contenté fictivement des cinq millions, qui, en 1869, n'ont produit aucun résultat. » (M. MAGNIN. — Qu'une dépense!) L'organisation de la garde mobile, telle qu'on l'avait conçue, entraînerait des dépenses considérables et dont on n'aperçoit pas l'utilité immédiate. Si nous envisageons la nation à cause de laquelle nous avons armé si précipitamment, nous trouvons que l'effectif de la Prusse, je veux dire de la Confédération du Nord, pendant que la France, pour 1871, demande un contingent de 400,000 hommes, comme en 1870, et un budget de guerre s'élevant à 369,621,036 fr., cet effectif, dis-je, ne s'élève, pour 1871, sur le pied de paix, qu'à 299,704 hommes, qui seront mis à la disposition du généralissime fédéral, et qui ne coûteront que 253,875,010 francs.

« Ainsi la France, à consulter tous mes souvenirs, n'a armé qu'en vue de la Confédération du Nord; et pour 1871, lorsqu'on nous demande un effectif s'élevant, sur le pied de paix, à 400,000 hommes cette même Confédération du Nord se contente d'un effectif de 299,000 hommes seulement; différence, 100,000 hommes et 216 millions argent, pour l'armée active. (LE MARÉCHAL LEBOEUF. — C'est une erreur!)... Je ferai remarquer, avant d'abandonner ce point intéressant, que le rapport de la *Commission d'initiative* s'est exprimé, à propos de la garde mobile, dans les termes suivants : « *On peut, sans inconvénient sérieux, affranchir la garde mobile* DE RÉUNIONS ET D'EXERCICES *en temps de paix.* » Mais si vous affranchissez la garde mobile, en temps de paix, de réunions et d'exercices, ce n'était vraiment pas la peine de la créer aussi coûteusement, car si elle ne peut s'exercer qu'en temps de guerre, alors elle jouera le rôle des inutiles. » Arrivant au principal objet de sa proposition, M. de Kératry ajoute : On a réduit pour 1871 l'effectif à 90,000 hommes. Ce n'est pas assez. Il faut le réduire à 80,000 hommes. « N'oubliez pas que, pendant trente ans, la France n'a eu à supporter que des contingents de 80,000 hommes.

« Je demande qu'on fasse retour à ce système, et que lorsque la Commission du budget sera saisie d'un projet de loi, on prie M. le ministre de la guerre de vouloir bien faire un sacrifice nouveau, indispensable de 10,000 hommes, pour arriver à un contingent normal. »

M. LE COMTE DE LA TOUR, *rapporteur*. — « Nous devons maintenir énergiquement *le principe* de la garde mobile, parce que nous croyons que la garde mobile est une garantie pour la sécurité du pays, pour la puissance militaire de la France.

« Quelles sont les conditions actuelles des guerres européennes ? C'est d'être faites avec une extrême rapidité.

« Les forces militaires, chez toutes les grandes puissances qui nous entourent, sont organisées de manière à être concentrées vivement, à être jetées sur les frontières en peu de jours, et en masses très-considérables. Il importe donc que nous ayons toujours disponible une armée de campagne très-nombreuse. Comment pourrions-nous y arriver si nous n'avions pas la garde mobile ? » *(Protestations à gauche)*.

M. STEENAKERS. — « *C'est votre avis, mais ce n'est pas l'avis de tout le monde.* »

M. DE LA TOUR. — M. de Kératry s'est trompé dans son évaluation des forces de la Prusse. « La Prusse a trois fois plus de forces militaires qu'elle n'en apporte à l'armée fédérale germanique. (M. GARNIER-PAGÈS. — C'est une erreur!) Ce n'est pas une erreur; c'est parfaitement positif. »

M. DE KÉRATRY. — « Je prends acte des déclarations de mon honorable collègue, M. le comte de La Tour, parlant en qualité de rapporteur de la Commission d'initiative. Du moment où il déclare que la garde nationale mobile ne doit exister que sur le papier, nous sommes entièrement du même avis, et nous en concluons qu'il n'y a pas besoin de faire figurer une somme au budget, de ce chef. » (Très-bien! à gauche).

M. LE MARÉCHAL LEBOEUF. — M. de Kératry demande la suppression de la garde mobile; nous sommes en dissentiment sur ce premier point. La garde mobile, réserve précieuse pour le pays, sera défendue énergiquement par le Gouvernement (*Interruption à gauche*).

M. LEBOEUF, *se tournant vers la gauche*. — « Ayez, Messieurs, la bonté de m'écouter; je dois la vérité à la Chambre, et je la dirai tout entière.

« Lorsqu'il s'est agi de la création de la garde mobile, deux systèmes étaient en présence. Dans le premier système, les gardes nationaux devaient être réunis tous les ans pendant 15 à 20 jours consécutifs, soit dans une place, soit dans un camp où ils auraient été soumis à la discipline militaire et auraient reçu ainsi une instruction sérieuse.

« *La garde mobile eût été une espèce de landwehr. Ce projet, qui était celui du maréchal Niel, n'a pas prévalu et la Chambre a préféré le second système qui n'autorise que quinze réunions par an, à des jours différents et sous la réserve expresse que les jeunes gens ne découcheraient pas.*

Dans ce dernier système, il n'y a pas d'instruction sérieuse possible.

« Quand j'ai eu l'honneur d'être appelé par l'Empereur au ministère de la guerre, j'ai mûrement examiné la question. Je l'avais déjà étudiée comme commandant du 6ᵐᵉ corps. Je m'étais mis en rapport avec beaucoup de maires ; je savais que la garde mobile, telle qu'elle est organisée ou du moins définie par la loi du 1ᵉʳ juillet 1868, devait faire peser de lourdes charges sur les populations, sans offrir, en compensation, pour le temps de paix des avantages réels aux intérêts militaires du pays. Je me suis donc décidé à ne pas prolonger ce mode d'instruction. Permettez-moi de vous dire que mon prédécesseur devait vous demander cette année-ci 13 millions pour continuer ce système. J'ai fait le calcul des sommes nécessaires pour l'étendre à toute la France. Messieurs, quand on forme une seconde armée, à côté d'une autre, il faut s'attendre à ce qu'à chaque instant on vienne demander des dépenses nouvelles, par suite de la comparaison qui s'établit entre les deux armées… j'ai fait et refait les calculs. Messieurs, pour la garde nationale mobile telle qu'on avait la pensée de la mettre en pratique, il fallait s'élever progressivement jusqu'à 35 ou 40 millions. »

Il faut donc chercher un autre système plus conforme aux vues économiques de la Chambre. Le gouvernement fera connaître celui auquel il compte s'arrêter quand il se sera mis d'accord avec la Commission du budget. « Cet accord réalisé, j'espère me présenter devant la Chambre avec un projet définitif, qui ne pourra pas différer sensiblement de ces trois millions cinq cent mille francs, à moins que la Chambre ne soit dans l'intention de me donner davantage, ce que, pour ma part, j'accepterais volontiers…

« J'ai en ce moment, dans les différentes places, 90,000 équipements complets pour l'infanterie et 12,000 équipements complets pour l'artillerie. M. de Kératry doit savoir qu'il n'y a pas de cavalerie dans la garde mobile. J'ai de plus, 350,000 fusils transformés, modèle 1867, qui, d'après la loi de finance de 1868, sont destinés à la garde nationale mobile...

« *La loi de finance n'ayant accordé en fusils modèles 1866, que ce qui est nécessaire à notre armée active*, je ne crois pas avoir le droit d'enlever une seule de ces armes à cette destination.

« Par conséquent, les fusils modèles de 1866 qui avaient été donnés à la garde nationale mobile de Paris ont été retirés et sont rentrés dans nos arsenaux.

« L'ancien fusil transformé, qu'on appelle vulgairement fusil à tabatière, est destiné à la garde nationale mobile, je ne lui en donnerai pas d'autres... » *(Marques d'approbation).*

Budget de la Guerre.

(Séances des 30 juin et 1ᵉʳ juillet 1870).

M. LE COMTE DE LA TOUR analyse dans le plus grand détail les forces prussiennes et déclare qu'il serait souverainement imprudent de diminuer les nôtres.

M. LE MARÉCHAL LEBOEUF — « Je n'indiquerai le système adopté par le gouvernement, pour la garde mobile, que quand le Corps législatif aura fixé le chiffre qu'il entend affecter à cette destination.

« Le chiffre proposé par la Commission est de beaucoup inférieur à celui que j'aurais désiré. La garde mobile pourrait, en cas de grande guerre, de guerre offensive, rendre de grands services au pays. En temps normal, au contraire, et D'APRÈS LA LOI TELLE QUE VOUS L'AVEZ FAITE ET NON PAS TELLE QU'ON VOUS L'AVAIT PROPOSÉE, la garde nationale mobile est une force entièrement inerte nécessairement au repos. »

M. Thiers combat la réduction demandée par la gauche. Si nous avons la paix, si on ne nous menace pas, c'est qu'on nous sait prêts à la guerre : « La chose est évidente comme la lumière ; oui, évidente pour tous ceux qui connaissent l'état de l'Europe. Savez-vous pourquoi la paix a été maintenue ? C'EST PARCE QUE VOUS ÊTES FORTS.

« J'ai observé, je dirai presque que c'est ma profession de le faire, j'ai observé l'état de l'Europe, depuis ma jeunesse, et particulièrement depuis les événements de 1866 ; eh bien ! — Dieu me garde d'avancer à l'égard des prédécesseurs de M. le maréchal Lebœuf rien qui diminue leur considération et la justice qui leur est due, — mais il était facile de reconnaître que, lors de l'affaire du Luxembourg, la France n'était pas dans l'état OÙ ELLE DOIT ÊTRE pour être respectée.

CE QUI L'Y A REPLACÉE, CE SONT LES ARMEMENTS DUS A M. LE MARÉCHAL NIEL, avec lequel on peut différer sous le rapport du système d'organisation militaire, mais avec lequel on ne peut que se trouver d'accord sur l'ardeur qu'il a mise à précipiter nos armements. Quant à moi, sans avoir la prétention de mettre mon avis à côté de celui des hommes du métier, *l'étude que j'ai faite de l'Europe, des diverses puissances qui la divisent, de leurs ambitions, de leurs forces, de leurs moyens financiers et militaires, me permet cependant d'avoir une opinion tout à fait arrêtée sur la question qui vous occupe.* Je ne partage pas celle qu'avait M. le maréchal Niel sur la loi de 1868 ; je trouve cette loi mauvaise ; j'aime mieux la loi de 1831, et je crois que la France sera plus forte quand elle y reviendra. Cependant, je dois le dire, M. le maréchal Niel a rendu au pays un service immense, et on devrait faire remonter le maintien de la paix aux armements qu'il a faits en 1867. Pour quiconque connaît l'état de l'Europe, il n'y a pas un doute à cet égard. »

M. Jules Favre. — « Je faisais cette réflexion que pour que la France, c'est-à-dire une nation démocratique, une nation qui a la prétention de devenir libre, car elle ne l'est pas encore, que pour qu'une nation qui a de telles aspirations pût se considérer comme forte vis-à-vis de l'étranger, il fallait avant tout qu'elle fût armée et qu'au bulletin de vote correspondît l'arme avec laquelle le citoyen peut défendre à la fois et sa patrie *et ses droits civiques*...

« Qu'une nation comme la France ait dans les mains une force militaire suffisante qui lui permette, en même temps, d'être constamment sur la défensive et de n'être jamais prise au dépourvu, rien de mieux. Mais qu'elle s'organise, en pleine paix, quand rien de sérieux ne la menace, pour une grande guerre, c'est là, Messieurs, permettez-moi de le dire, une coupable folie, une mesure funeste aux finances du pays, funeste à sa moralité, à sa grandeur, à sa prospérité matérielle, de laquelle vous ne paraissez pas tenir suffisamment compte. »

Que craint-on d'ailleurs ? Est-ce que les 40 millions d'Allemands songent à nous attaquer ? M. de Benoist proteste ! Il parle au nom d'un département de frontière, et je comprends son émotion. « Mais enfin il ne faut pas, même dans l'intérêt de nos frontières, promener constamment devant la Chambre le vain fantôme d'une chimère qui n'aboutit à rien et ruine le pays. »

M. Thiers reproche à ses collègues de la gauche de manquer de logique. Ils déplorent Sadowa, et ils ont raison ; « mais après avoir reconnu que c'est un grand malheur et en avoir fait un grief, il ne faut pas l'annuler un instant après en raisonnant comme s'il ne s'était rien passé. »

M. Thiers combat avec énergie l'illusion qui consiste à croire qu'on peut remplacer une armée régulière par la nation armée. Rien ne supplée l'organisation permanente: il faut pouvoir passer rapidement du pied de paix au pied de guerre. « *Or, quand peut-on passer rapidement du pied de paix au pied de guerre ?* **C'est quand on peut en très-peu de temps, en six semaines, en deux mois,** porter un régiment de l'effectif de paix à l'effectif de guerre. Eh bien ! lorsqu'un régiment à 1,500 hommes, et M. le ministre pourrait vous dire que les régiments ne sont pas de plus de 1,500 hommes aujourd'hui (LE MARÉCHAL LEBOEUF : C'est vrai !), lorsqu'un régiment de 1,500 hommes doit passer à 4,000 hommes pour entrer en campagne, que deviennent les 1,500 hommes noyés dans tous ceux dont l'instruction est à peine commencée ?... Il faut donc, pour que l'armée puisse passer rapidement du pied de paix au pied de guerre, que l'effectif ne descende pas au-dessous d'un certain chiffre.

« Voilà ce que disent les hommes qui savent compter, et ils sont bien rares. Je vous en demande pardon, les hommes qui sont à la tête du gouvernement ne savent pas toujours compter. Heureusement nous avons devant nous un ministre de la guerre qui sait compter, cela me rassure, car quand on ne sait pas compter on a de misérables finances et de pauvres armées. »

On passe à la discussion de l'amendement de la gauche portant réduction du contingent à 80,000 hommes.

M. GLAIS-BIZOIN. — « Messieurs, je m'empresse de reconnaître que notre amendement est insuffisant et qu'il ne répond pas à ce qu'attend l'opinion agricole et industrielle du pays. Je vous avouerai même que *j'éprouve une sorte de honte à le soutenir et même à l'avoir signé.* » (*Exclamation à droite. — Assentiment à gauche*).

Ainsi le gouvernement demande une armée assez forte sur le pied de paix pour pouvoir passer rapidement sur le pied de guerre. Malgré ses prières, ses avertissements, ses menaces, on le force à renvoyer 140.000 hommes en congé.

Il demande, n'ayant pu obtenir mieux, que la garde mobile soit sérieusement constituée et devienne une sorte de *landwehr*. On « ne le permet pas. » Il parlait de discipliner la nation : on lui répond qu'il ne faut pas déranger les paysans !

Il demande des fusils nouveaux pour armer la troupe régulière, la garde mobile et pour remplir nos arsenaux. — On ne lui en donne pas assez.

Il demande 13 millions pour fondre de nouveaux canons. — On lui en accorde deux et demi.

Il demande 140 millions pour des travaux de fortifications reconnus *indispensables*. — On lui en donne 36.

Enfin, ses projets étudiés avec le désir de réaliser les plus minutieuses économies sont tous fouillés à la loupe, réduits, rognés ; on va jusqu'à lui prendre une somme de « cent mille francs » sur l'effectif de la cavalerie.

Quel résultat !

Pour n'avoir pas voulu déranger les gardes mobiles, les arracher à leurs travaux, on les aura fait massacrer par milliers.

Pour avoir voulu opérer de mesquines réductions, on aura condamné le pays à dépenser des milliards.

Cent mille francs enlevés par la Commission du budget en 1869, — 4 millions, 8 millions donnés sans contrôle à tel ou tel organisateur de camp : quel rapprochement !

Hélas ! ce qui nous arrive est ce qui arriva jadis à l'Autriche. Ce qui causa sa défaite a causé nos désastres. M. le comte de La Tour, qui connaît bien ce pays pour l'avoir longtemps habité, le rappelait dans l'un de ses derniers discours :

> La Prusse triompha et elle devait triompher parce que, pendant que la transformation prussienne, ce grand événement militaire, s'accomplissait à Berlin les docteurs du parlement autrichien travaillaient à diminuer et à désorganiser l'armée sous prétexte de faire des économies dans les finances.

Et M. Thiers ajoutait :

> J'étais en Autriche, il y a quelques années, au moment même où on discutait le budget de la guerre. Savez-vous pourquoi l'Autriche, avec une armée admirable, une armée dévouée à l'Empire, a éprouvé de si grands malheurs ? C'est parce que, par des réductions imprudentes dans le budget de l'armée, on avait mis le gouvernement autrichien dans l'impossibilité de faire face à tous les besoins de la guerre.

Le roi de Prusse avait-il rencontré de tels obstacles ? Oui, de plus grands encore. Le parlement s'était opposé à sa grande réforme militaire, et depuis six ans rejetait systématiquement le budget de la guerre ; mais le roi et M. de Bismarck se souciaient bien du parlement ! Ils continuaient imperturbablement leur œuvre, accomplissaient tranquillement la réforme condamnée, levaient les impôts par ordonnance, et finalement déclaraient la guerre sans consulter les Chambres et contre leur vœu manifeste.

Le succès de 1866 accroît encore l'autorité absolue du roi. Ce n'est plus sur la Prusse seulement, c'est sur toute l'Allemagne du Nord qu'elle va désormais s'exercer, s'exercer sans contrôle. C'est le roi qui, de son autorité privée, fixera le chiffre du contingent. Une somme considérable (celle qu'il a demandée) lui est allouée en bloc pour l'entretien des armées de la Confédération. Il en fait ce qu'il veut ; il n'en doit rendre compte à personne ; enfin il suffit d'un décret pour mobiliser ses armées.

Grâce à cette concentration de pouvoirs, la Prusse nous devance, nous surprend, nous bat. De ce rapprochement significatif que conclut-on ?

Que nos revers sont le fruit du *gouvernement personnel !*

Après ce qui précède, n'ai-je point le droit de considérer comme établi le troisième point : *Si le gouvernement n'a pu faire davantage, l'obstacle est venu du dehors et surtout du parti* « *qui, maître au-*

jourd'hui des affaires, lui reproche sa criminelle inaction. »

Oui, je n'hésite pas à le dire, parce que c'est ma conviction profonde : c'est le parti républicain, c'est l'opposition de gauche à la Chambre et dans la presse (1), qui ont le plus puissamment contribué à paralyser les ressources militaires du pays. C'est cette opposition qui, après avoir vainement tenté de faire échouer la loi militaire devant le Corps législatif, s'est efforcée, par une propagande infatigable, d'en entraver l'application (2). Le maréchal Niel lui avait dit avec raison : Comment voulez-vous que la loi s'exécute, si vous la discréditez ? comment voulez-vous que le pays supporte cette charge nouvelle, si vous lui persuadez à l'avance qu'elle est excessive

---

(1) Ce n'est point un ami de l'Empire, c'est l'*Univers* qui disait récemment :

« Il est curieux de voir le *Siècle* attribuer uniquement à l'administration impériale les causes de notre infériorité militaire.

« Mais qui donc a applaudi au triomphe et à l'agrandissement de la Prusse en 1866 ? Qui a toujours préconisé systématiquement la paix au détriment des intérêts du pays ? Qui a fait réduire d'année en année nos contingents ? Qui a constamment cherché dans la loi du contingent, un moyen populaire d'opposition au régime impérial ? Qui n'a cessé de harceler nos différents ministres de la guerre pour de ridicules questions de boutons de guêtres et de plumets ? Qui a entravé l'œuvre de réorganisation militaire entreprise par le maréchal Niel, le seul ministre capable de la mener à bonne fin, l'homme qui avait compris la guerre avec la Prusse ?

« N'est-ce pas le *Siècle* et son parti ? Ne sont-ce pas ses patrons, ses amis, ses clients ? On les pourrait tous nommer.

(2) Qu'on se rappelle le pétitionnement organisé de Paris contre la loi, la fondation de la *Ligue de la Paix*, et la *Liberté* inscrivant pendant toute une année, en tête de ses colonnes, la devise *Guerre à la guerre*, — pour être plus tard la première à nous pousser sur le Rhin.

et inutile ? Ses craintes furent bientôt justifiées. Le pays accueillit mal la nouvelle institution ; de plusieurs côtés, l'inscription sur les contrôles amena des troubles. Ces répugnances qu'on chercha surtout à exciter à l'approche des élections de 1869 ne pouvaient manquer d'influer sur les dispositions de la Chambre et de la majorité elle-même.

Cette propagande ne s'adressait pas seulement à la population, elle s'appliquait à pénétrer dans les rangs de l'armée, à y semer l'esprit d'insubordination, la haine du devoir, de la discipline et des chefs. Des journaux semblaient s'être donné cette tâche spéciale, et chaque jour ils avaient plusieurs colonnes consacrées à cette propagande particulière. L'un des principaux organes officieux de la délégation de Bordeaux, la *Gironde*, disait tout récemment à la *Gazette de France* :

> Quoi ! vous osez bien parler du défaut de direction, d'organisation, vous qui, tous les jours, depuis la première colonne de votre journal jusqu'à la dernière, semez la désorganisation et la haine ! Vous osez parler du manque d'obéissance ! Et quel est le jeune soldat qui, en face de l'ennemi, après avoir lu les odieux articles où vous vous évertuez systématiquement à dénigrer les hommes qui l'envoyent au combat, QUEL EST LE SOLDAT, S'IL VOUS ECOUTAIT, QUI NE JETTERAIT LOIN DE LUI LES ARMES et ne dirait : « Si c'est pour de semblables incapables, pour de tels ambitieux, pour de tels malhonnêtes gens que je risque ma vie, sauve qui peut ! »

L'observation est juste, mais étourdie ! La *Gironde*, sans y songer, s'accuse elle-même et toutes les feuilles républicaines qui, comme elle, troublaient le moral de l'armée en « dénigrant systématiquement les hommes qui l'envoyaient au combat. » Elle explique clairement pourquoi nos soldats montrèrent, en 1870, un esprit d'indiscipline qu'ils n'avaient montré ni en 1854 ni en 1859, et qui fût, nous le verrons plus tard, une des causes principales de nos désastres.

Je le sais, l'opposition répond : Oui, nous désirions supprimer l'armée, mais nous voulions la remplacer par la garde nationale, c'est-à-dire par la nation tout entière sous les armes, parce que nous voulions proscrire les guerres offensives, et que pour la guerre défensive « le patriotisme est la meilleure des frontières (1). » La réplique est facile : je ne m'arrêterai

---

(1) M. Prévost-Paradol avait déjà fait justice, en excellents termes, de cette théorie dans la *France nouvelle* : « C'est d'abord une erreur de fait, de croire qu'une guerre défensive demande une armée moins exercée qu'une guerre offensive. S'il y avait une différence entre ces deux espèces de guerre au point de vue des efforts que chacune d'elles exige et des qualités nécessaires à l'armée qui doit la soutenir, la balance pencherait plutôt du côté de la guerre défensive, car le devoir de combattre en reculant sur son territoire envahi exige plus de force d'âme, plus de fermeté dans le jugement et plus de constance militaire que l'action d'envahir le pays ennemi, avec l'éclat que donne à l'homme, et particulièrement à notre race, l'entrain de l'attaque et l'espoir de la conquête.

« En outre, rien n'est plus vain au point de vue politique ni plus dénué de sens que cette distinction en faveur dans beaucoup d'esprit entre la guerre offensive et la guerre défensive. Ce n'est pas l'acte matériel de franchir la frontière de l'ennemi ou d'attendre l'ennemi sur son propre territoire, qui distingue, aux yeux d'un esprit juste, la guerre offensive de la guerre défensive. Pour faire légitimement une distinction de ce genre, il faut se reporter aux actes antérieurs à cette première démarche militaire et se demander sincèrement où est l'agresseur. On reconnaîtra souvent et même le plus souvent que L'AGRESSEUR APPARENT, C'EST-A-DIRE CELUI QUI, POUSSÉ A BOUT, TIRE LE PREMIER L'ÉPÉE, AGIT AINSI SOUS LA CONTRAINTE DE LA NÉCESSITÉ ET A LE DROIT STRICT DE DIRE QU'EN ATTAQUANT IL NE FAIT

pas à chercher si en demandant, comme le faisait M. Jules Favre, que tous les citoyens fussent armés pour défendre « le territoire et leurs droits civiques, » l'opposition ne se préoccupait pas des droits civiques plus que du territoire ; pour parler sans rhétorique, si, en demandant des fusils pour la garde nationale, l'opposition ne songeait pas surtout à avoir sous la main les instruments d'un 4 septembre. Ce qui me permettrait de croire que la pensée de l'invasion les préoccupait moins, c'est cette question posée par M. Pelletan au maréchal Lebœuf : « Pourquoi armez-vous les pompiers ? Songeriez-vous à l'intérieur ? Vous ne voudriez les armer qu'en cas d'invasion, prévision tellement éloignée, que M. le ministre de la guerre s'indignerait si je la posais, et il aurait raison. »

Mais je ne m'arrête pas à cette considération. Je suppose qu'un mobile exclusivement patriotique animait les orateurs et les écrivains de la gauche. C'est uniquement pour la défense du territoire qu'ils voulaient qu'on armât la nation ! soit. Alors c'était

---

QUE SE DÉFENDRE... Si la Prusse poursuit, avec l'annexion de l'Allemagne du Sud, son projet de ranger sous son drapeau tout ce qui parle allemand en Europe, osera-t-on nous qualifier d'agresseurs si, au lieu de l'attendre à Strasbourg, nous allons au-devant d'elle à Mayence ?... Il n'y a donc rien de fondé, ni au point de vue politique ni au point de vue militaire, dans cette vaine distinction entre les guerres offensives et les guerres défensives, qui est l'argument favori de ceux qui combattent, ordinairement, l'institution et le maintien des armées permanentes. » — M. Thiers, à la tribune, a exprimé les mêmes idées et combattu fort nettement cette distinction chimérique..... Et la gauche demandait une armée « HORS D'ÉTAT *de porter la guerre au dehors !* »

de leur part un vœu spéculatif, une opinion théorique. En effet, pour armer la nation... il eût fallu des armes : et la gauche les refusait. Quand on parlait de 1,200,000 fusils, M. Garnier-Pagès s'écriait, en levant les bras au ciel : « Mais comment ferez-vous pour payer 1,200,000 fusils ! » Et quand on n'avait pas encore de quoi armer toute notre garde mobile, il eût fallu armer 4 ou 5 millions de gardes nationaux ! En vérité, est-ce sérieusement qu'on fait un crime à l'Empire de n'y avoir pas songé ?

Je suppose qu'il l'eût fait et, que suivant le vœu de l'opposition, il eût substitué le soldat-citoyen au soldat de métier : quel résultat en eût-il obtenu ? Hélas ! l'expérience nous l'a appris. Elle a démontré que le patriotisme le plus ardent, le dévouement le plus absolu, le courage le plus héroïque ne peuvent suppléer à l'habitude des armes. Avant qu'elle eût prononcé, le général, qui est précisément devenu le chef des hommes d'État de la gauche, avait déjà fait justice de « ce préjugé cher à la multitude (1). »

Mais la gauche elle-même, si elle avait eu à cette époque le pouvoir dans les mains, n'eût point osé bouleverser à ce point nos institutions militaires. C'était une thèse d'opposition. Le *Journal des Débats*, peu sévère pour ce parti, n'hésitait pas cependant à lui dire (le 3 juillet dernier) : Ne perdez pas votre temps à déclamer contre les armées permanentes ;

---

(1) Voir *L'armée en 1867*, par le général Trochu, p. 236.

« oubliez l'intérêt de la République pour ne songer qu'aux intérêts de la France. »

C'était bien là que gisait le mal ! on ne songeait qu'à la République ! Le renversement du trône était l'unique objectif. Si les coups qu'on dirigeait sur lui frappaient la France elle-même ; si, en ne visant qu'à l'ébranler, on affaiblissait le pays, — nul ne songeait à se le demander (1).

Comment s'étonner de l'influence décisive que cette haine de l'Empire exerçait sur l'attitude, les votes du parti révolutionnaire, quand on voit l'un des sous-chefs de la fraction conservatrice d'un parti modéré, déclarer que, malgré les désastres sans nom qu'elle nous a valus, l'année 1870 ayant renversé l'Empire n'a pas été « tout à fait stérile ; » que nos malédictions doivent se mêler de « quelque gratitude, » et qu'enfin, tout compte fait, « nous la bénirons (2) ! »

D'un côté la France brisée, souillée, anéantie, de l'autre Napoléon III détrôné : le bien l'emporte encore aux yeux des partis. L'année n'est pas perdue !

Après un tel aveu, que pouvons-nous ajouter ? Et

---

(1) En 1868, M. Guéroult lançait à la gauche cette accusation prophétique : « Malheureusement tous ceux qui chantent cette gamme ne sont pas exclusivement séduits par les fécondes beautés de la paix. Un esprit de parti étroit, mesquin, peu scrupuleux sur le choix des moyens, prodigue à l'occasion de contradictions et de palinodies, se prête à ces tendances généreusement pacifiques pour les exagérer, les exploiter, s'en faire une arme contre les objets de sa haine, DUT LA PAYS LUI-MÊME, PÉRIR FRAPPÉ DU MÊME COUP. »

(2) M. Vitet. *Lettre à la Revue des Deux-Mondes*, 1ᵉʳ janvier 1871.

comprend-on maintenant ce qui, pour les simples, était inexplicable : pourquoi le parti qui, durant quatre années, a travaillé à rendre la guerre inévitable en nous jetant chaque jour les souvenirs de 1866 à la face, s'est, pendant ce même temps, opposé à toutes les mesures qui pouvaient nous la rendre favorable ?

Nous avons vu comment s'est exercée l'action de la Chambre, l'action de la presse, stimulant l'opinion ou stimulée par elle. Voyons maintenant comment s'est exercée l'action du pouvoir.

Des crédits insuffisants lui étaient accordés. En sut-il du moins faire bon usage ?

On ne lui laissa fabriquer ni assez de fusils, ni assez de canons : ceux qu'ils fabriquaient furent-ils du moins ce qu'ils devaient être ? C'est là, dans cette sphère de l'exécution, où son action s'exerçait librement, que sa responsabilité se trouve surtout engagée.

Le chassepot ? Sa supériorité sur le fusil à aiguille n'est plus contestée. Il est à la fois meilleur et plus léger (1).

La mitrailleuse, que l'Empereur avait fait construire sous ses yeux, par l'inventeur, son officier d'ordonnance, dans un atelier soldé sur sa cassette, la mitrailleuse a fait également ses preuves.

---

(1) Il pèse une livre de moins. L'armement total de notre fantassin est de 3 livres 1/2 plus léger que celui du fantassin alleman

Reste la question des canons. Ici j'avoue mon incompétence. Et comme je n'aime pas à avancer des choses dont je ne suis pas sûr, à trancher d'un trait de plume des questions auxquelles je n'entends rien; comme je ne suis pas de ceux qui enseignent aux généraux de quelle façon on doit faire une sortie, ou aux intendants comment on nourrit une armée, je ne m'avancerai sur ce terrain qu'avec une extrême réserve. Je ferai cependant remarquer que l'Empereur, pressentant le rôle de l'artillerie dans les guerres futures, n'avait rien négligé pour s'entourer de lumières spéciales. Son ministre de la guerre était un général d'artillerie ; l'attaché militaire à Berlin était un officier d'artillerie. Enfin, le commandant Reffye était son officier d'ordonnance. Il avait succédé, en cette qualité, au baron Stoffel.

J'ajouterai que, dans toutes les discussions, dans toutes les polémiques soulevées par cette grande question de l'organisation militaire, rien n'avait indiqué que la *qualité* de notre matériel d'artillerie fût insuffisante.

Parmi les autorités les moins suspectes, nous invoquerons celle de M. le général Trochu, de M. le général Changarnier, de M. le prince de Joinville.

Dans son livre fameux, où il expose minutieusement les moindres améliorations dont l'organisation de l'armée lui paraît susceptible, le général Trochu demande-il quelque réforme pour le service de l'artillerie ? Absolument aucune.

Dans l'étude qu'il consacra au projet de loi militaire de 1867, le général Changarnier disait :

> L'artillerie française, que notre affection pour celui qui la dirige (c'était, si je ne me trompe, le général Lebœuf) ne nous fera pas trop vanter, est AU MOINS L'ÉGALE des meilleures artilleries de l'Europe... A ceux qui conseillent à notre armée une quantité de canons telle, qu'elle dispenserait les généraux d'avoir du génie, nous rappellerons que, pour la France, l'ère des bataillons très-jeunes accompagnés de canons très-nombreux, a été l'ère des victoires infructueuses et des désastres irréparables.

Enfin, dans le long travail qu'il a consacré à la campagne de 1866, le prince de Joinville s'exprime ainsi :

> Sur un seul point la Prusse s'est montrée NOTOIREMENT INFÉRIEURE. Son artillerie n'a pas répondu à ce qu'on attendait d'elle. Ses canons d'acier à chargement compliqué par la culasse n'ont pu soutenir la comparaison avec l'artillerie autrichienne, DONT LES CANONS ET LES PROJECTILES SONT IDENTIQUES AUX NÔTRES.

Il semble donc que si notre armement a été inférieur à celui de la Prusse, c'est par la quantité, surtout, que nous avons péché (1).

Mais, encore une fois, la quantité dépendait de la Chambre. De la qualité seule, notre administration militaire pouvait être rendue responsable, — dans les limites où ses crédits lui permettaient de se mouvoir.

L'Autriche se laissait surprendre, en 1859, par le

---

(1) « L'armée du Rhin n'avait que 942 canons et il eût été impossible de lui en donner plus de 984 à ce moment, *par l'unique et péremptoire raison que le budget n'admettait que 164 cadres de personnel.* » — Général Suzanne. — *(Revue des Deux-Mondes,* 15 janvier 1871).

canon rayé ; en 1866 par le fusil à aiguille, dont elle avait pu constater de ses yeux le mérite. La Prusse elle-même, malgré sa vigilance, son ardeur à suivre le progrès, n'avait, en 1870, ni chassepots ni mitrailleuses. Cependant l'Autriche était infiniment moins gênée que nous par les entraves budgétaires, et la Prusse en était complétement affranchie.

Notre administration militaire — ajoute-t-on — n'a pas seule fait preuve d'imprévoyance. Notre diplomatie fut pour le moins aussi coupable. La première nous lança dans la guerre sans une armée suffisante, la seconde, — sans une alliance effective. Si le pays a demandé la guerre, c'est qu'il pensait que nous serions secondés par une ou par plusieurs puissances.

A chaque pas nous trouvons de nouvelles erreurs ; mais toutes ont une origine commune. On veut que le gouvernement impérial ait cherché l'occasion d'attaquer la Prusse. Ce point de départ étant donné, sa conduite serait en effet inexplicable. Mais le point de départ est faux. Quand il sera bien démontré que le gouvernement a été entraîné, contraint à la guerre au moment où il y songeait le moins, tout changera de face : on comprendra, par exemple, pourquoi il n'avait pas eu le soin de s'assurer une alliance pour cette redoutable entreprise, comme il l'avait fait pour les guerres de Crimée et d'Italie, même pour les expéditions de la Chine et de Mexique. Pouvait-il le faire à l'avance sans exciter à juste titre les défiances de l'Europe ? Pouvait-il entamer une négociation qui eût manqué d'objet, puisqu'il ne voulait pas attaquer la Prusse, et que la Prusse protestait de ses intentions pacifiques ; et sur un semblable terrain, quelle puissance eût ouvert l'oreille à ses propositions ? N'eût-ce pas été d'ailleurs le plus sûr moyen de précipiter l'unité allemande, et **M. Jules Favre**, n'avait-il pas dit lui-même, en 1867 : « s'allier avec l'Autriche dans l'espoir d'une commune revanche, ce serait jeter dans les bras de la Prusse les dix millions d'Allemands qui lui restent ? »

Est-il vrai que l'ignorance de cette situation ait été pour quelque chose dans les résolutions belliqueuses du pays ? On ne saurait sérieusement le prétendre. Non-seulement tout le monde savait que nous n'avions, que nous ne pouvions avoir encore aucune alliance effective, mais beaucoup de ceux qui poussaient le plus ardemment à la guerre, ignorant que nous avions pu, dès le début, désintéresser l'Espagne, pensaient que nous allions rencontrer deux ennemis au lieu d'un. Beaucoup d'autres disaient avec **M. de Girardin** :

Ne perdons pas notre temps à chercher des alliés, laissons à l'écart l'Autriche et l'Italie, afin de laisser debout la politique de neutralité, sous laquelle l'Angleterre et la Russie ne demandent qu'à s'abriter, ne nous occupons nullement de l'Espagne qui ne bougera pas; *ne songeons qu'à localiser étroitement la guerre entre la France et la Prusse.*

La situation diplomatique était connue, et le *Correspondant* l'analysait exactement quand il disait :

> Les Etats de l'Europe semblent partagés en deux camps : l'Autriche et l'Italie, le Danemarck et la Hollande, évidemment sympathiques ; l'Angleterre et la Russie, cachant des dispositions plus douteuses. Si la victoire accompagne nos premiers pas, elle aura bientôt changé en concours les neutralités armées et paralysé les mauvaises intentions. — (*L. Lavedan*, 25 juillet).

Mais le gouvernement n'attendait pas, inactif, qu'une victoire eût produit ce résultat. Dès le premier jour, le ministre des affaires étrangères avait ouvert des négociations avec l'Autriche et l'Italie. — Quel était ce ministre ? M. le duc de Gramont qui venait de passer de longues années à Vienne. Comme l'Empereur avait placé au ministre de la guerre le général le plus compétent pour suivre le progrès des armes spéciales, il avait appelé au ministère des affaires étrangères, le ministre le plus apte à conclure, au moment voulu, une alliance offensive et défensive avec l'ennemi principal de la Prusse. Tout fut entamé en effet; tout allait aboutir. L'Italie, la première, nous apportait son concours (sans que Rome en fût le prix, comme on l'a prétendu : en retirant ses 5,000 soldats des Etats-Pontificaux, parce qu'il avait besoin d'utiliser toutes ses ressources, le gouvernement impérial y laissait son drapeau; il s'en était expliqué fort nettement avec le cabinet de Florence; tandis que le premier acte de la République fut de délier celui-ci de tout engagement). L'Autriche devait suivre de près l'Italie. Le Danemark, l'arme au bras, n'attendait qu'un signal. Dans le sein même de l'Allemagne, dans le Hanovre au moins, un premier succès de nos armes eût jeté bien du trouble (1) : comment toutes ces sympathies furent paralysées, comment les promesses de concours qui eussent résisté à un *revers* s'évanouirent après le *désastre* qui ouvrit la campagne, nous le verrons plus tard.

L'Espagne, cause du conflit, que notre intervention aurait pu blesser, avait été, nous l'avons dit, mise fort habilement hors de cause : sa neutralité était absolue.

Restaient l'Angleterre et la Russie dont les dispositions mystérieuses semblaient plutôt incliner vers la Prusse que de notre côté. — Pourquoi ?

La Russie, notre fidèle amie de 1856 à 1863, ne nous avait pas pardonné nos démarches en faveur de la Pologne : cette rupture était regrettable assurément, mais ayant une telle cause, en pouvait-on faire un crime à l'Empereur ?

Quant au gouvernement anglais, ses sympathies pour la Prusse avaient un caractère presque exclusivement dynastique. La Reine, que des liens de parenté, que sa douleur conjugale rattachent à l'Allemagne,

---

(1) Le correspondant de Berlin du *Français* lui écrivait le 26 juillet : « Les Polonais sympathisent ouvertement avec la France. En Bavière, la levée de la landwehr se fait difficilement. En Saxe, il y a plus d'un soupir mal étouffé. En Hanovre, malgré les mesures draconiennes, malgré le terrible Vogel de Falkenstein, il y a une certaine agitation. »

avait exercé en ce sens sur le cabinet son influence toujours niée, mais réelle. La presse anglaise, inspirée par un mobile différent et sur la nature duquel je n'ai pas besoin d'insister, joignant son témoignage au témoignage officiel, semblait donner une base à ces sympathies factices. Mais, malgré tant d'entraves, la véritable opinion du pays ne tarda pas à se manifester. Elle se dressa de plus en plus impérieuse en face du gouvernement qui parlait en son nom et trahissait sa pensée; elle le força d'abord à s'arrêter dans la voie où il s'était engagé, — puis à reculer.

La politique suivie par l'Empire à l'égard de nos voisins est-elle étrangère à ce résultat? Qu'on se rappelle le passé. Le gouvernement de Juillet met la France à la remorque de l'Angleterre. La France supporte impatiemment sa vassalité. Dix fois elle est sur le point de se révolter. Une haine jalouse couve sous l'entente cordiale; et M. Guizot, lui-même, lord Guizot (comme on disait alors) est bien autrement joué par lord Palmerston que M. Benedetti par le comte de Bismarck. Louis-Philippe, résolu à ne pas faire la guerre, « parce qu'il sentait qu'il pourrait périr par la guerre (1), » devait constamment introduire son *veto* personnel pour l'empêcher d'éclater. La moindre étincelle suffisait pour mettre le feu aux poudres. L'opposition, belliqueuse alors, puisque le pouvoir était pacifique, ne s'était-elle pas

---

(1) Chateaubriand. *Mémoire pour Madame la Dauphine*.

enflammée pour l'affaire Pritchard, et n'en voulait-elle pas tirer une vengeance éclatante? *Pritchardiste* était alors une épithète ignominieuse et les hommes les plus sérieux durent prouver aux électeurs qu'ils n'en méritaient pas la flétrissure (1). L'affaire Pritchard offrait pourtant par elle-même bien moins d'intérêt que l'affaire Hohenzollern; mais elle venait après une série d'affronts, elle y mettait le comble, et, goutte d'eau, faisait déborder la coupe de nos humiliations.

L'Empereur, au contraire, sacrifiant à l'intérêt de son pays les amers souvenirs de sa race, sut éteindre une rivalité séculaire et nous concilier l'amitié du peuple anglais sans compromettre un instant la dignité nationale. Tout récemment le magistrat chargé d'installer le lord maire demandait à la Cité, à la nation britannique un témoignage de respectueuse sympathie pour Napoléon III, c'est-dire « l'ami le plus constant, l'allié le plus fidèle que l'Angleterre ait jamais rencontré sur le trône de France ». Des hourras frénétiques l'empêchaient d'achever. L'ovation qui attendait M. Jules Favre à son débarquement n'était pas, comme on le prétendait, un hommage rendu par l'Angleterre à la France républicaine, c'était un hommage rendu à la France qu'elle avait connue depuis vingt ans, c'est-à-dire à la France impériale (2).

---

(1) Voir les professions de foi pour les élections de 1846.
(2) Le chaleureux accueil qu'a reçu Napoléon III en débarquant à Douvres l'a bien prouvé. (*Note de la 2me édition*).

Malgré ses complaisances pour tout le monde, le gouvernement de Juillet se trouva constamment sous le coup d'une coalition. Il n'eut qu'un allié dont il dut payer cher la hautaine amitié. L'Empire, au contraire, a pu prendre pour alliées même les puissances qu'il avait vaincues. On n'en continuera pas moins à dire que le gouvernement de Juillet, par son habileté, nous avait attiré les sympathies de l'Europe; que l'Empire, par son « ineptie » nous les aliéna.

Telle était la situation militaire, telle était la situation diplomatique au moment où la guerre éclata. Quant à la situation pécuniaire, nous n'en dirons qu'un mot: les ressources accumulées pendant vingt ans de prospérité dans le pays étaient telles, qu'elles lui ont permis de supporter l'orgie financière des cinq derniers mois.

Dans les conditions que je viens de rappeler, alors qu'il n'avait pu obtenir des Chambres toutes les ressources qu'il leur avait demandées, le gouvernement impérial faisait-il preuve d'une témérité folle en se laissant entraîner par le mouvement de l'opinion à déclarer la guerre? Avait-il surtout le droit de dire qu'il était « *prêt, archi-prêt* » à la faire?

Je ne sais où ce mot a été dit par M. le maréchal Lebœuf. Je n'en ai nulle part trouvé la trace. Mais je le tiens pour authentique. Que signifiait-il?

Qu'on était aussi prêt qu'on pût le souhaiter? Non.

certes; mais aussi prêt *qu'on pût l'être désormais avec les crédits accordés*. Si l'inévitable conflit eût été retardé, nos forces, au lieu de s'accroître, eussent progressivement diminué, puisque la Chambre engageait le gouvernement « à entrer dans la voie des économies », et qu'elle avait déjà réduit le contingent de 10,000 hommes. Nous pouvions, avec le temps, sans doute, améliorer notre armement; mais les Prussiens seraient-ils restés inactifs, et le temps n'aurait-il profité qu'à nous? Pendant que nous aurions fondu des canons, ils auraient fait des mitrailleuses et perfectionné leur fusil; le nouveau modèle n'était-il pas adopté?

Ce mot signifiait-il qu'on était prêt à entrer *en campagne*? Pas davantage: mais prêt à entrer *en armement* dans des conditions satisfaisantes, c'est-à-dire que le passage du pied de paix au pied de guerre s'opérant avec la promptitude nécessaire, nous pourrions opposer des forces suffisantes à l'ennemi.

Ainsi comprise, cette assurance était-elle aussi chimérique, aussi folle qu'on le dit? Si les troupes que nous pouvions mettre sous les armes s'étaient trouvées en ligne assez vite, c'est-à-dire en même temps que celles de la Prusse, ne pouvaient-elles tenir tête à ces dernières; compenser, comme elles l'avaient fait dans d'autres campagnes, l'infériorité de leur nombre par leur courage héroïque et leur irrésistible élan? Car, je le répète, il n'était pas nécessaire de vaincre tout d'abord, il suffisait de résister, pour donner à nos amis le temps d'achever leurs préparatifs. Incompétent dans ces matières, je ne veux rien affirmer; mais je fais une observation de simple bon sens: si notre imprudence était si grande, comment personne, avant nos malheurs, ne l'avait-il signalée? Comment, connaissant nos ressources et celles de l'ennemi (car personne, sans faire aveu de légèreté, ne peut dire qu'il les ignorait), pas un militaire, pas un homme d'Etat, pas un écrivain n'avait-il indiqué le péril? Comment tant de témoignages compétents affirmaient-ils au contraire la supériorité de nos armes? Pour en citer deux seulement, peu suspects de flatterie, M. le prince de Joinville n'avait-il pas écrit :

Nous ne croyons pas nous tromper en disant qu'il y a eu chez nous, peuple comme gouvernement, un effet d'imagination vraiment regrettable au lendemain de Sadowa ; nous avons paru nous défier de nos forces. Les esprits se sont un peu calmés ; un examen attentif et réfléchi est plus facile aujourd'hui...

Or, si de l'étude des faits et des récits officiels publiés depuis cette époque, ressortait la preuve qu'indépendamment des mérites réels et incontestables auxquels les Prussiens ont dû leurs dernières victoires sur les Autrichiens, ils ont été avant tout singulièrement heureux ; s'il est vrai que les hommes, les choses, les circonstances les aient servis d'une manière exceptionnelle et leur aient donné des supériorités passagères qui ont disparu aujourd'hui et ne se retrouveront plus, SI SURTOUT IL EST FACILE DE PROUVER QU'UNE LUTTE AVEC LA FRANCE NE SAURAIT LEUR DONNER LES MÊMES AVANTAGES, peut-être devra-t-on reconnaître qu'on s'est bien hâté de prendre les mesures extrêmes, de prendre les mesures de défense nationale dont notre pays se montre si fort ému, et dont le principal résultat jusqu'ici a été de grandir encore le succès de nos voisins (1).

---

(1) *Études de marine et récits de guerre*, par le prince de Joinville.

M. le général Changarnier n'avait-il pas dit :

Les nombreuses catégories de non valeurs étant déduites, un corps d'armée restant en Algérie, les places fortes et les côtes étant défendues, les dépôts étant convenablement pourvus, l'exposé des motifs (du *Projet de loi militaire*) parle avec quelque dédain de 300,000 combattants, fusil ou sabre en main, canons attelés. Nous sommes frappés d'étonnement. On sait bien à quelles époques de pénible souvenir, Napoléon a eu un plus grand nombre de combattants, différents de race et de langage, ce n'est pas dans les immortelles campagnes d'Austerlitz et d'Iéna. N'essayons pas d'égaler le chiffre de nos soldats à celui de nos adversaires possibles; même en nous épuisant nous ne serions pas sûrs d'y parvenir. NE NOUS EN INQUIÉTONS PAS. S'il est difficile à 3,000 hommes d'en combattre avec succès 5,000, il l'est infiniment moins à 60,000 d'en combattre 100,000. PLUS LES PROPORTIONS S'ÉLÈVENT, MOINS L'INFÉRIORITÉ NUMÉRIQUE EST FACHEUSE (1)...

En 1866... l'armée prussienne, très-jeune, doublée d'une réserve brusquement enlevée à ses occupations sédentaires, a montré qu'elle n'est pas apte à supporter les fatigues d'une longue guerre. Dans une campagne de quelques jours elle a jonché les routes de ses traînards, encombré les hôpitaux de ses malades. Devant un ennemi tenace, obstiné, disputant pied à pied le sol de la patrie, *elle se serait éteinte*, malgré sa bravoure incontestée, longtemps avant l'accomplissement de sa tâche.

Hélas ! qui n'avait cette illusion ? Qui de nous n'a entendu dire au début de la guerre : « L'armée prussienne ne peut faire une campagne d'un mois. Si, après Sadowa, l'Autriche eût tenu quinze jours de plus, la Prusse était perdue. » C'était un axiôme

---

(1) « La quantité nous a toujours été fatale, la qualité nous a toujours donné la victoire, » disait le maréchal Soult, rappelant que dans la campagne de France, si souvent heureuse, nous n'avions que le cinquième des forces de l'ennemi.

admis même par les pessimistes (1), par ceux qui, pour l'avoir étudiée de près, avait la plus haute idée de l'organisation prussienne. Que de témoignages instructifs je pourrais évoquer, si je ne les avais alors recueillis à titre confidentiel!

Enfin, n'avait-on pas toujours dit, à la tribune, dans la presse, partout: « En cas de guerre les volontaires AFFLUERAIENT et viendraient doubler le chiffre des troupes régulières! »

Seul M. Thiers avait-il pressenti le péril? S'opposait-il à la guerre parce qu'il nous jugeait trop faibles pour l'entreprendre avec succès? Après nos premiers échecs il a déclaré à la tribune qu'il n'avait en effet cédé qu'à ce sentiment d'inquiétude: il n'avait pu l'exprimer sans doute, mais la Chambre et le pays auraient dû le comprendre! Puis le journal qui s'est fait son principal champinion, en est venu à se persuader que non-seulement M. Thiers avait éprouvé ce sentiment, mais qu'il l'avait produit à la tribune : « M. Thiers, dit la *Gazette de France*, a eu seul le courage de s'opposer à la guerre et de signaler la situation fâcheuse de notre armement (2). »

Encore une légende! La mémoire de M. Thiers

---

(1) Voir par exemple la correspondance adressée par M. Jeannerod au journal le *Temps*. Metz, 5 janvier.

(2) Enfin M. Thiers ayant ainsi sondé la profondeur de la crédulité publique et voyant que les assertions de ses journaux n'étaient point contredites, n'hésita pas à les prendre à son compte et à déclarer *lui-même* à l'Assemblée de Bordeaux qu'avant la guerre il avait signalé l'insuffisance de nos forces! *(Note de la 2me édition).*

et de ses amis est en défaut : j'ai promis de le prouver.

Nous avons déjà vu que M. Thiers connaissait mal les forces de la Prusse et qu'il traitait de *fantasmagorie* les chiffres trop exacts produits par M. Rouher ou le maréchal Niel. Nous allons voir qu'il ne se faisait pas moins d'illusions sur la valeur relative de nos ressources militaires.

Cinq jours avant que la question Hohenzollern se posât, le 30 juin 1870, M. Thiers disait à ses collègues de la gauche qu'ils servaient mal la cause de la paix en demandant la réduction de notre effectif ; il affirmait que si nous n'avions pas eu la guerre, nous le devions uniquement à ce fait que tout le monde, en Europe, nous savait en état de l'entreprendre ; il remerciait le maréchal Niel d'avoir éloigné de nous ce fléau par ses intelligents préparatifs. Puis, pour démontrer le danger d'affaiblir outre mesure l'effectif de paix, il ajoutait ces mots que je recommande à l'attention du lecteur :

<small>Quand peut-on passer rapidement du pied de paix au pied de guerre ? C'est quand on peut, EN TRÈS-PEU DE TEMPS, EN SIX SEMAINES, EN DEUX MOIS, porter un régiment de l'effectif de paix à l'effectif de guerre.</small>

Plusieurs fois déjà M. Thiers avait émis cette opinion qu'en cas d'attaque, la France aurait toujours « DEUX OU TROIS MOIS » pour s'armer. C'est sur cette opinion qu'il s'appuyait, comme les membres du tiers-parti, pour préférer le système des gros contingents ou celui des « cohortes » au projet présenté par le gouvernement. Or, nous n'avons eu, nous le verrons tout à l'heure, ni trois mois, ni deux mois, ni six semaines, ni un mois pour nous organiser. Telle fut la cause principale, décisive, presque unique de nos malheurs. Cette cause, M. Thiers ne l'avait pas aperçue. Loin d'ouvrir nos yeux sur le péril qui nous menaçait, il avait, au contraire, contribué à les fermer. Loin de dissiper l'illusion générale, il l'avait confirmée de tout le poids de son expérience.

L'efficacité des gros contingents fut l'erreur de l'école orléaniste, comme celle de la levée en masse l'erreur de l'école républicaine. Si nos destinées eussent été confiées aux orléanistes ou aux républicains, la Prusse, résolue à nous attaquer, nous eût donc trouvés encore plus dépourvus.

Tout le monde estimait que si nous parvenions à mettre suffisamment vite en ligne les forces dont nous disposions, nous pourrions tenir tête à la Prusse. Beaucoup du moins l'avaient affirmé; nul ne l'avait nié.

L'expérience s'est-elle faite? Sommes-nous arrivés à temps: Non: les Prussiens nous avaient devancés. Ils nous saisirent en « flagrant délit de formation. »

Pourquoi?

Avions-nous dépassé les limites fixées par les hommes compétents comme celle de l'extrême promptitude? Former une armée en « *six semaines ou deux mois,* » c'est y mettre très-peu de temps, avait dit M. Thiers, et le prince de Joinville citait comme un véritable tour de force comme le *nec plus ultrà* de la vitesse, ce fait qu'en 1866 une armée prussienne (composée de 197,000 hommes seulement) s'était trouvée prête, *le vingt-deuxième* jour, à entrer en campagne.

Or, la guerre fut décidée le 15 juillet, déclarée le 20. Dès le 16, les Allemands violaient notre territoire à Sierck (1). Dès le 2 août, les troupes prussiennes étaient massées à notre frontière. A cette époque les nôtres n'étaient pas encore en état de leur tenir tête.

D'où venait cette différence dans la rapidité des préparatifs et des mouvements? De bien des causes diverses. Il est facile de tout expliquer par l'incapacité d'un ministre. Mais qu'en résulte-t-il? Le ministre renversé, on croit tout sauvé, et à la première occasion on retombe dans l'ornière. Je le répète, notre lenteur relative tient à différents motifs; je n'ai pas la prétention de les indiquer tous: les hommes spéciaux suppléeront à mon insuffisance technique; j'indiquerai seulement ceux qui sautent à nos yeux.

D'abord l'organisation prussienne, inférieure sous d'autres rapports, est, à ce point de vue, supérieure à la nôtre; elle se prête infiniment mieux au rassemblement d'une armée: en Allemagne chaque corps a sa résidence fixe dans une province, s'y recrute, y trouve tout le matériel de campagne que notre centralisation détient sur des points spéciaux,

---

(1) Le fait annoncé le matin, démenti le soir, fut confirmé après enquête.

et se crée ainsi une sorte d'autonomie permanente. Ce système n'aurait pu s'établir chez nous sans y apporter un bouleversement radical et fort coûteux, sans froisser nos mœurs militaires, sans introduire des rivalités de race dans une armée dont l'unité morale est la principale force ; mais on pouvait s'en inspirer : c'est ce que l'Empereur avait fait en créant les grands commandements qu'on le forçait récemment à supprimer, puis en décidant « que les recrues de la deuxième partie du contingent seraient exercées dans les dépôts de leurs départements pour être, en temps de guerre, versés dans le régiment destiné à faire campagne. » Malheureusement cette combinaison, adoptée en 1860, avait été abandonnée en 1866 par les bureaux de la guerre, dont elle dérangeait les vieilles habitudes (1).

En second lieu les services administratifs de la Prusse sont, du premier jusqu'au dernier échelon, dirigés avec une ponctualité méthodique, une précision minutieuse que les nôtres n'ont jamais possédées, ne posséderont jamais, parce que ces qualités tiennent à la race, au tempérament, plus encore qu'à l'éducation (2).

---

(1) *Des causes qui ont amené la capitulation de Sedan*, par un officier attaché à l'Etat-Major général.

(2) Un seul fait peu connu et que je puis attester personnellement, fait voir avec quelle sûreté est mis en jeu chacun des innombrables rouages de cette vaste usine qu'on nomme le gouvernement prussien :

Une dame prussienne était venue, il y a six ans, se fixer dans l'une des grandes villes du midi de la France. Depuis ce jour elle n'était plus retournée dans son pays natal où elle se croyait oubliée. Mais l'administration prussienne ne l'avait pas perdue de vue, connaissait

Puis le Corps législatif avait abusivement accru le nombre des *congés*. En vain, nous l'avons vu, le maréchal Niel l'avait prié, supplié, averti. En vain il avait dit: — Prenez garde! Là est la grande difficulté de l'avenir. Vous ne songez qu'à la transformation de l'armement; le passage du pied de paix au pied de guerre est un problème autrement sérieux, autrement difficile ; ne m'enlevez pas les moyens de le résoudre, ne rendez pas ma tâche impossible. — On n'avait pas voulu l'écouter ; et, au moment où la guerre éclata, *cent dix mille* hommes en congé, *par ordre de la Chambre*, avaient à rejoindre le drapeau.

Mais ce n'était pas tout : ce n'était pas même le principal. Si la Prusse s'est trouvée prête avant nous, c'est encore, c'est surtout parce que bien longtemps avant nous elle avait pu préparer, préparer mystérieusement son entrée en campagne ; parce que, résolue à la guerre, la situation exceptionnelle de son gouvernement lui avait permis d'armer sans bruit. Alors que notre ministre de la guerre, avec son budget réduit à la dernière limite des besoins journaliers, n'eût pu ordonner un approvisionnement extraordinaire sans être obligé d'en faire la confidence à la tribune, le roi-généralissime pouvait

---

sa résidence, son adresse et, à la fin du mois d'août, savait parfaitement lui faire parvenir l'invitation de se présenter tel jour, dans telle ville, tel hôpital, telle salle, où elle était attendue pour soigner les « blessés français. »

mandater, payer toutes les dépenses préparatoires de transport, d'équipement ou de vivres sans que le public en fût averti. L'ordre de mobilisation arrivant, tout se trouvait prêt. Le gouvernement prussien avait pu préparer la guerre comme il avait préparé la candidature espagnole dont elle devait sortir : en conspirateur.

Cette faculté lui assurait sur nous une avance considérable. Il en profita avec hardiesse et nous surprit le 6 août non formés, non organisés encore : — ce jour-là la campagne était perdue ! Freischweiler, Spiekeren n'étaient en eux-mêmes que des revers, de glorieux revers : mais par la situation qu'ils accusaient de part et d'autre, ils avaient la portée de vrais désastres. Ainsi s'explique le ton découragé des premières dépêches : « *Tout peut encore peut se réparer...* etc. »

Oui ! sans doute, tout pouvait se réparer. Mais combien la tâche allait être plus rude ! Il fallait se résigner aux douleurs de l'invasion. Il fallait renoncer au plan savamment étudié d'une marche en avant, isolant les Etats du Sud ; à la diversion d'un débarquement ; au concours de l'Autriche et de l'Italie ; car en présence des désastres elles retiraient l'une et l'autre la main que nous nous apprêtions à saisir.

L'Autriche, soit ! nous l'avions vaincue en 1859, elle ne nous devait rien ; sa reculade était sans doute une faute ; nous ne pouvions lui en faire un crime. Mais l'Italie ! l'Italie, faite de notre or et de notre sang, nous abandonner au bord de l'abîme! Ne voir dans nos malheurs que la chance de violer à Rome le serment qu'elle venait de renouveler dans nos mains : honte sans exemple et sans nom! Elle trouvait cette occasion pourtant de faire oublier bien des fautes, absoudre bien des iniquités; elle n'a pas su la saisir. Les événements se sont tellement précipités, qu'on n'a pas eu le temps de les approfondir, de leur donner leur physionomie réelle; mais quand on les lira dans l'histoire, quand on appréciera de sang-froid le rôle de ces ministres faisant violence aux sentiments de l'armée, des classes élevées, du roi lui-même, par peur du parti révolutionnaire, et plaçant dans la bouche de Victor-Emmanuel cet étrange discours où le cœur de l'Italie semblait se partager également entre la France et la Prusse, ses deux alliées,—on tournera cette page avec dégoût et l'on souhaitera à l'ingrate Italie de souffrir un jour, pour son châtiment, une part de ce que nous venons de souffrir.

Nous restions seuls! Nos troupes, abattues par ces premiers échecs, avaient perdu la moitié de leur confiance, c'est-à-dire de leur élan. (Ce que les succès nous donnent de valeur, ce que les revers nous en enlèvent, — on le sait depuis César!) La discipline, déjà médiocre, se relâchait encore dans nos rangs. Les hommes rejoignaient toujours; mais dans ces corps brisés par la défaite, disjoints par la retraite, leur arrivée, loin d'apporter une force, ne faisait souvent qu'augmenter la confusion... Il fallait un miracle pour nous sauver!

La Prusse nous avait tendu un piége et nous nous y étions laissé prendre, nous ne pouvions plus désormais nous en dégager.

Nous comptions arriver sur le terrain en même temps qu'elle, parce que nous pensions que, de part et d'autre, les préparatifs auraient commencé le même jour, c'est-à-dire dès que la chance d'un conflit s'était produite. C'est ainsi que les choses se passent d'ordinaire, c'est ainsi qu'elles s'étaient passées en 1855, en 1859; c'est ainsi qu'elles se passent toujours entre les puissances qui ont sur la probité internationale des idées moins larges que la Prusse. Mais, tout en simulant la surprise, l'indignation, tout en se plaignant d'être contraint à la guerre, d'être traîné par le collet sur le champ de bataille, notre ennemi calculait combien de semaines d'avance il avait su prendre sur nous. Qu'on me permette une image familière : la Prusse, interpellée au sujet de l'incident Hohenzollern, se présentait à nous sous l'apparence d'un honnête cultivateur, arraché à son travail, ne sachant ce dont on veut lui parler, et demandant qu'on le laisse retourner à sa charrue; mais ce pacifique costume cachait un uniforme, des armes, des cartouches; un mouvement suffisait pour faire apparaître un soldat sous le paysan !

Quant aux ministres de l'Empereur, ils ont montré trop de confiance : là est leur faute évidemment; mais il y a en France un parti auquel je conteste absolument le droit de la leur reprocher : c'est le parti qui se nommait l'Opposition sous l'Empire, et se nomme aujourd'hui le Pouvoir; le parti qui, pendant quatre ans, s'est efforcé d'endormir nos défiances en protestant des intentions pacifiques de l'Allemagne, et qui, le 1ᵉʳ juillet 1870 encore, affirmait, par la bouche de M. Thiers comme par celle de M. Garnier-Pagès, que l'Allemagne, absorbée par ses réformes, ses difficultés intérieures, ne songeait nullement, ne pouvait songer à nous chercher querelle !

IV

Insuffisance du commandement.

L'Empereur et le Prince Impérial à l'armée. — Les bagages. — Pourquoi l'Empereur commande. — Ce qui arrive quand il ne commande plus. — M. Gambetta généralissime. — Les généraux d'antichambre. — Les victimes du favoritisme.

L'Empereur n'ayant pas su préparer la guerre, ne sut pas la diriger. Toujours obsédé par la préoccupation dynastique, il prit le commandement en chef pour usurper le mérite et l'honneur de la victoire. Il emmena son fils avec lui pour l'associer au triomphe, sans l'associer au péril; tous deux avaient une suite asiatique, leurs innombrables fourgons encombraient toutes les routes et arrêtaient sans cesse la marche de l'armée. On a vu une voiture spécialement consacrée aux « homards frais (1). » Par ce détail on peut juger quel immense matériel devait exiger le service de la bouche. L'organisation de ce service était le principal souci de l'Empereur : « Napoléon s'inquiétait surtout, en entrant en campagne, des soins matériels à donner à sa maison et à sa table : »

---

(1) Le *Drame de Metz* par le R. P Marchal.

c'est la Commission des *Papiers secrets* qui l'affirme. Oserait-on mettre en doute cette parole officielle ?

A l'insuffisance du général en chef, se joignait l'insuffisance des commandants de corps. Les hommes de valeur avaient été mis systématiquement à l'écart. L'Empereur n'avait de goût que pour les complaisants et les incapables ; il ne donna de commandements qu'à des généraux d'antichambre.

Ces officiers courtisans ne songeaient naturellement qu'à plaire à leur maître. Ils s'inclinaient respectueusement devant ses conceptions les plus folles. Quand l'impéritie de ses plans fut démontrée, l'Empereur feignit de résigner ses pouvoirs : il les conserva cependant jusqu'au dernier jour. Ses ordres funestes, trop docilement exécutés, déterminèrent successivement tous nos désastres. Le maréchal Bazaine voulait gagner Verdun, quand l'ennemi était encore trop éloigné pour lui barrer la route : c'est l'Empereur qui l'en empêcha. Le maréchal Mac-Mahon voulait se replier sous les murs de Paris : c'est l'Empereur qui l'obligea à marcher sur Sedan.

Je reproduis fidèlement les accusations, mais non les termes dans lesquels on les formule. Pour être exact, il faudrait saupoudrer la page que l'on vient de lire d'une pincée de ces gros mots qu'on n'entend qu'aux halles et dans les harangues officielles. Car les membres du gouvernement actuel, si chatouilleux pour leur propre compte, n'ont encore su restaurer, de toutes les traditions républicaines, que le ton débraillé de l'invective, et n'ont mis la liberté que dans leur langage. Non contents de lancer personnellement l'insulte à la face de l'Empereur, ils placent leurs injurieux propos dans la bouche même de ses serviteurs. C'est ainsi qu'on a vu avec stupéfaction un rapport commandé par la Délégation de Tours, inséré par ses ordres au *Bulletin officiel*, prêter au maréchal Bazaine une exclamation grossière dont l'invraisemblance devait sauter aux yeux les moins clairvoyants : trait de génie qui valut à son auteur cette distinction, que peu de jours auparavant il demandait à « l'*homme* de Metz (1), » la première décoration donnée après le décret annonçant que la croix ne serait plus attribuée qu'aux faits de guerre. Quand le comte d'Artois dut quitter Lyon précipitamment en 1815, un seul Garde Royal eut le courage de l'accompagner. Napoléon I⁰ʳ se fit présenter ce garde et le décora de sa main. Autre régime, autres mœurs !

Mais laissons là les formes. L'Empereur, l'Empire, ceux qui l'ont loyalement soutenu de leur épée, de leur parole, de leur plume ou de leur vote, sont au-dessus des outrages d'un avocat grisé par sa fortune inespérée. Allons au fond des choses.

Les bagages? Faut-il nous arrêter à ce détail? Oui. Ce détail a été tellement exploité, on a si souvent, si hautement affirmé que les bagages impériaux

---

(1) Voir la lettre du colonel Willette, en date du 11 novembre.

(« les fourgons de rapine », comme dit élégamment une feuille légitimiste) et l'immense escorte qui devait les protéger, avaient été l'une des causes principales de nos revers, qu'il faut bien en dire un mot. Nous nous bornerons, comme de coutume, à puiser aux sources officielles et à réfuter la calomnie par l'instrument même de la calomnie.

Le document où la Commission des *Papiers secrets* a découvert que la grande préoccupation de l'Empereur, partant pour la guerre, était l'approvisionnement de sa table est intitulé: *Note sur le service de MM. les aides de camp et officiers d'ordonnance de l'Empereur en campagne.* Ce titre indique par lui seul la nature de la pièce. C'est en effet un règlement fait par le Premier Ecuyer pour éviter les complications de l'imprévu, pour indiquer à tous, maîtres et gens, ce qu'ils auront à faire, s'ils doivent prendre leurs repas avec l'Empereur, avec l'adjudant général ou se nourrir à leurs frais. Tous les détails *de tous les services* étaient ainsi réglés à l'avance, et je n'y vois rien de monstrueux. Mais en poursuivant la lecture de la Note, j'y découvre ces deux articles: *Le service de la bouche de l'Empereur, de sa maison, de ses officiers, devra former un total de vingt à vingt-quatre cantines. — Les bagages de l'Empereur seront escortés par un brigadier et six gendarmes.*

Qu'on se dise qu'une cantine a la dimension d'une malle de moyenne grandeur; que la suite du roi de Prusse comprenant tout un monde d'officiers ou de fonctionnaires, compte près d'un millier de personnes, et l'on comprendra que si nous avons été vaincus, ce n'est sans doute pas aux fourgons impériaux qu'il faut nous en prendre (1).

Est-ce à la présence de l'Empereur et du Prince Impérial à l'armée?

En conduisant son fils devant l'ennemi, l'Empereur cédait-il à un sentiment vulgaire? Non, il voulait que la France, sur laquelle le prince était appelé à régner, reconnût en lui l'un des siens. Ah! certes, il l'aimait, mais il le voulait digne de ses destinées et de son nom. Aussi ne le conduisait-il pas à la guerre comme à la parade, pour le plaisir de le faire cavalcader sur le front des troupes, avant ou après la bataille. Si l'on doute qu'une pensée sérieuse ait présidé à son départ, qu'on lise la dépêche adressée par l'Impératrice à la comtesse de Montijo, document qui n'était certes pas préparé pour l'histoire, lettre de la mère à l'aïeule, où le cœur parle librement:

Louis partira dans quelques jours avec son père pour l'armée, et je désire que vous lui envoyiez votre bénédiction avant son dé-

---

(1) Il est vrai, que parmi les écrivains qui accréditèrent cette histoire, il y en a qui pensaient qu'il n'y avait à la suite de l'armée, que les fourgons de l'Empereur. (Je comprends, en ce cas, qu'ils en trouvassent le nombre exagéré!) Ainsi la brochure sur la capitulation de Sedan, que j'ai déjà citée, ayant indiqué, comme l'une des causes de nos défaites, l'encombrement des routes « par les bagages, » un grand journal, indigné de cet aveu cynique, s'écrie : « Mais cela confirme ce qui a été dit par les plus déterminés adversaires de l'Empereur et des maréchaux! »

part. Ne vous tourmentez pas. Je suis parfaitement calme. Il faut qu'il fasse son devoir et honneur à son nom.

EUGÉNIE (1).

En prenant le commandement suprême, l'Empereur cédait-il à un sentiment de vanité personnelle ou dynastique ? Croyait-il que seul il était capable de conduire nos armées ? Un autre mobile, plus élevé, plus sérieux l'avait inspiré.

Et d'abord, n'est-ce pas un fait étrange et nouveau que ce reproche fait à un souverain d'avoir voulu combattre en personne l'ennemi de son pays ? Qu'on eût fait un crime à l'Empereur de demeurer tranquillement dans l'un de ses palais, pendant que nos soldats se faisaient massacrer, comme on a flétri la conduite du roi Louis II restant à Munich au lieu de se mettre à la tête des Bavarois, je l'aurais compris.

Qu'on eût blâmé Napoléon III si, sans suivre l'armée, il eût voulu la conduire; si, de son cabinet, il eût prétendu diriger toutes les opérations militaires, comme l'a fait M. Gambetta, je l'aurais trouvé plus naturel encore.

Mais qu'on lui fasse un grief de ce dont on fait honneur à tout autre citoyen; que les mêmes journaux qui blâment le roi de Bavière de n'avoir pas été à la guerre, le blâment, lui, d'y avoir été; que les mêmes gens qui admirent la dictature militaire exercée par M. Gambetta trouvent exorbi-

---

(1) Dépêche trouvée à Saint-Cloud par les Prussiens, et publiée par les journaux allemands.

tante la prétention de l'Empereur de conduire au feu le drapeau de la France, si habitué que je sois à la logique particulière des partis, cela me paraît étrange !

Si, pressentant ce reproche, l'Empereur n'eût pas quitté Saint-Cloud, que n'eût-on pas dit ! On lui eût opposé l'exemple du roi de Prusse, de Victor-Emmanuel, de François-Joseph, du vieux roi de Hanovre lui-même, voulant, quoiqu'aveugle, marcher à la tête de ses troupes ; l'exemple des princes d'Orléans en Algérie, du duc d'Angoulême en Espagne. On lui eût rappelé la tradition de tous les temps et de tous les pays.

Tradition fort sage, après tout ! car à la guerre la première condition du succès c'est l'unité de commandement, la prompte exécution des ordres, l'entière soumission des différents commandants de corps à la direction supérieure. Or, un souverain (assisté d'un état-major éclairé, conseil et inspirateur des opérations) se fera plus facilement obéir des commandants de corps, qu'un général ou un maréchal quelconque. Devant le souverain, devant son nom même, invoqué par son état-major, toute rivalité, toute susceptibilité s'efface. C'est un grand point. La campagne d'Italie l'avait prouvé.

Ce qui le prouve encore mieux, c'est ce qui s'est fait depuis. Ceux qui critiquaient l'Empereur d'avoir pris le commandement, ayant moins d'expérience militaire que tel ou tel maréchal, ont suivi son exemple. Dès qu'ils ont eu le pouvoir, ils ont compris la nécessité de confier la direction des opérations militaires à un personnage dont l'autorité s'imposât : ils ont compris qu'en pareil cas le prestige de la situation politique était essentiel, qu'elle pouvait même suppléer la plus complète, la plus radicale ignorance de l'art militaire : ce pouvoir suprême qu'on refusait à l'Empereur, on s'est empressé de le remettre à M. Gambetta ! M. Gambetta a dirigé les opérations et s'en est vanté (1) ; ses amis ont réclamé pour lui la soumission qu'on doit à un « général en chef (2). » On dira que M. Gambetta s'était fait assister d'hommes du métier, des généraux jugés les plus aptes à diriger une campagne. Je veux le croire ; mais c'est précisément ce qu'avait fait l'Empereur. Il avait pris pour chef d'état-major le maréchal Lebœuf, dont tout le monde vantait le mérite, dont nous avons trouvé l'éloge dans la bouche de M. Thiers comme sous la plume du général Changarnier ; à qui sa qualité de général d'artillerie

---

(1) Parlant de l'évacuation de Tours par les Prussiens, le *Bulletin officiel* disait : « Cette retraite est la conséquence DES MOUVEMENTS STRATÉGIQUES QUE L'ADMINISTRATION DE LA GUERRE A PRESCRITS A NOS ARMÉES sur d'autres points. »

(2) La *Gironde*, organe officieux de la Délégation de Bordeaux, disait, dès le mois de décembre : « N'est-ce pas faire œuvre de mauvais citoyen que de porter de telles accusations contre UN GÉNÉRAL EN CHEF, — car *M. Gambetta n'est que cela en ce moment*, — *à l'instant même où il est en présence de l'ennemi et* OU IL VA LIVRER BATAILLE. » — Enfin M. Gambetta s'adressant à un commandant de corps, le général Cambriels, lui écrivait : « J'ai le regret de ME priver momentanément de vos services. » C'est bien là le langage d'un généralissime, d'un souverain. Encore l'Empereur aurait-il dit, sans doute, « priver le pays. »

semblait donner pour la future campagne une compétence particulière. A côté du maréchal Lebœuf il avait placé le général Lebrun, l'un de ces rares généraux qui, par leurs connaissances approfondies, leurs longues études, étaient en état de lutter avec les officiers de l'état-major prussien.

Le plan qui sortit de cette collaboration fut-il déraisonnable ? C'est possible. Je n'en sais rien. Et je doute que ceux qui le prétendent, fussent-ils compétents, en sachent plus que moi : par la raison fort simple, que ce plan n'est pas sorti du portefeuille. On voulait prendre l'offensive, faire une campagne d'Allemagne. Surpris, avant d'avoir eu le temps de se former, on dut subir une campagne de France. Mais quand la campagne de France commença, l'Empereur et son état-major avaient cessé de conduire les opérations.

La politique s'introduisant dans la direction des choses militaires, pour y faire sentir chaque jour davantage sa pernicieuse influence, les avait écartés.

M. Jules Favre avait déclaré que l'impéritie du commandant supérieur avait seule causé les premiers désastres, qu'il fallait « placer le maréchal Bazaine à la tête de l'armée, et prier l'Empereur de revenir à Paris. » L'Empereur s'effaça. Depuis ce jour jusqu'au dernier, il ne fut plus dans l'armée, comme il le dit lui-même, « qu'un soldat. » Mais depuis ce jour, le maréchal Bazaine, le maréchal Mac-Mahon, le ministre de la guerre ne furent plus reliés par la soumission commune à une suprématie incontestée; chacun se laissa entraîner par ses inspirations personnelles, et l'unité des opérations s'en ressentit aussitôt.

Qu'après avoir officiellement abdiqué ses pouvoirs l'Empereur en ait subrepticement conservé l'exercice, c'est une calomnie; que le mouvement du maréchal Bazaine sur Verdun ait été retardé par ses ordres, c'est une calomnie; elle se démontre d'elle-même : loin de vouloir rester à Metz, l'Empereur, dont la position à l'armée, après le sacrifice qu'il venait de faire, était fausse, voulait rentrer à Paris pour y reprendre les rênes du gouvernement. Il désirait cependant ne quitter Metz qu'avec l'armée. Aussi, loin de retarder le départ, l'attendait-il avec impatience (1); voyant que le mauvais état des routes l'empêchait de s'effectuer, il se décida à prendre les devants.

A Châlons il trouva le maréchal Mac-Mahon. Que « ses instances d'abord, ses ordres ensuite » aient obligé ce dernier à se porter en avant, comme on l'a dit, c'est encore une calomnie : on en trouve à chaque pas! Loin d'exercer son influence personnelle en ce sens, l'Empereur approuvait entièrement le plan contraire dont il avait conçu la pensée dès notre premier revers (2). Pour lui, le sort de la France devait se décider sous les murs de Paris : sur ce point encore la Commission des *Papiers sscrets* a

---

(1) *Des causes qui ont amené la capitulation de Sedan*, par un officier attaché à l'État-Major général.

(2) *Des causes qui ont amené la capitulation de Sedan*.

laissé filtrer un jet de lumière qui suffit à tout découvrir.

Mais pour la seconde fois la politique intervint. Au nom de l'opinion publique, les ministres prièrent l'Empereur de rester à l'armée, ordonnèrent au maréchal Mac-Mahon de rejoindre le maréchal Bazaine, en profitant d'une avance de 24 heures qu'il avait sur l'ennemi. Le maréchal Mac-Mahon se défendit : l'ordre fut répété. Homme de devoir, il céda et répondit :

> Veuillez dire *au Conseil des Ministres* qu'il peut compter sur moi et que je ferai tout pour rejoindre Bazaine.

J'imagine le cabinet de Berlin prescrivant au quartier général prussien de modifier ses combinaisons : il serait bien accueilli !

Conduit avec confiance, c'est-à-dire par celui qui l'avait conçu, exécuté par des troupes soumises, ardentes, entraînées par de récentes victoires, demandant d'elles-mêmes à doubler l'étape, le mouvement indiqué de Paris pouvait sans doute réussir. Le maréchal Mac-Mahon le dirigeait à contre-cœur, sans croire au succès. Il savait que ses troupes, découragées, indisciplinées, mal unies, marcheraient sans vigueur ; ses craintes sous ce rapport furent dépassées. Plusieurs incidents imprévus vinrent se joindre à ces causes naturelles de lenteur : au premier rang, il faut citer une série de fausses dépêches, lancées avec un art infini par les Prussiens, forçant le maréchal à s'arrêter pour attendre de nouvelles instructions.

Cependant l'ennemi le gagnait de vitesse; s'en apercevant, le duc de Magenta veut se jeter vers l'ouest. Il donne des ordres dans ce sens. Mais Paris maintient, renouvelle ses premières injonctions. L'Empereur songe un instant à s'interposer : il se souvient qu'il n'est plus qu'un soldat et se tait (1). Tous ces changements de dispositions avait fait perdre un temps précieux. Le mouvement avorta. On sait quel en fut le dénouement!

De Châlons jusqu'à Sedan, l'Empereur l'avait suivi, sans confiance, avec résignation, pour remplir jusqu'au bout le rôle ingrat qu'il avait accepté. Rien ne lui eût été plus facile que de gagner seul Mézières: on le lui proposa. Il repoussa le conseil avec une fierté douce et triste, en disant : « Quel que soit le sort de l'armée, je suis résolu à m'y associer. Je ne suis ici qu'un soldat; je partagerai la fortune des autres! » Si, comme on le prétend, il avait conservé réellement son pouvoir, s'il avait fait prévaloir sa volonté, l'armée de Mac-Mahon se fût repliée sur Paris; la catastrophe de Sedan était évitée et peut-être la France était-elle sauvée; car Paris a montré de quelle résistance il était capable.

Si l'on ne peut faire retomber sur l'Empereur la responsabilité directe des dernières opérations, ne peut-on lui attribuer du moins cette sorte de responsabilité au second degré qu'il avait assumée en con-

---

(1) *Des causes qui ont amené la capitulation de Sedan.*

fiant le commandement des corps d'armée à des incapables, en écartant tous les hommes de valeur! Ce sont les aides de camp, c'est-à-dire les généraux d'antichambre qui nous ont perdus!

Je conteste absolument le *c'est-à-dire*. Qu'un aide de camp fût nécessairement un général d'antichambre, je ne puis l'admettre. Un général d'antichambre est, si je ne me trompe, un général qui n'a pas vu le feu, qui n'a pas gagné ses galons à coup d'épée, mais à coup d'encensoir, qui n'a pas fait sa carrière en combattant l'ennemi mais en flattant son maître: le souverain, si l'on est sous la monarchie, — les ministres, un dictateur, si l'on est sous la République. Car les ministres républicains étant moins blasés à cet égard, sont encore plus indulgents que les rois pour les courtisans, reconnaissent plus facilement du mérite à qui proclame leur génie, et croient plus volontiers que l'admiration pour leur personne est la forme naturelle du patriotisme.

Mais parce qu'un souverain aura choisi dans l'armée des généraux qu'elle estime, dont elle proclame la bravoure ou le mérite, pour les attacher à sa personne, ces officiers perdraient aussitôt tout droit à la confiance publique? Les Niel, les Canrobert, les Lebœuf, les Favé, les Frossard, les Bourbaki, les Lebrun, les Jurien de la Gravière, ayant laborieusement gagné chacun de leurs grades, confondus d'abord dans les rangs de l'armée, ne s'en détachant que peu à peu par leur courage ou leur talent, ne devant, en un mot, qu'à des services militaires le renom qui les désignait au choix du souverain, deviendraient, du jour au lendemain, des généraux de cour, des généraux d'antichambre! Dire cela, surtout en présence des succès de l'armée prussienne dont tous les corps sont commandés par des princes ou par des aides de camp du Roi, ce n'est pas sérieux.

Que le choix du général de Failly fût une erreur, je le crois; ce général n'en comptait pas moins de brillants services en Italie, en Crimée, en Afrique, et c'est bien devant l'ennemi qu'il avait conquis ses épaulettes. Que certains de ses collègues, malgré leur mérite incontesté, n'eussent point ce talent spécial et fort rare de manier les masses sur le champ de bataille, c'est possible : la guerre d'Afrique a été à ce point de vue une détestable école pour nos généraux. Mais qui le savait, qui le disait avant leur insuccès? Ce genre de talent ne se révèle malheureusement que sur le terrain. Et quels sont d'ailleurs ces hommes éminents qu'il eut fallu leur préférer, dont l'exceptionnelle capacité s'imposait mais que l'Empire avait mis systématiquement à l'écart? je les cherche et ne les vois point. Où sont ces génies méconnus? M. Gambetta les a-t-il découverts? Rien ne le gênait. Il avait toute latitude. Il a pu chercher partout, lever toutes les proscriptions, réparer « les scandaleuses injustices » commises pendant « vingt ans de favoritisme et de corruption. » Après avoir fouillé les rangs de l'armée, il a pu sonder toutes les carrières, toutes les professions civiles ; il a pu faire des généraux avec des capitaines, des ingénieurs, des députés, des préfets, des avocats, des journalistes et des pharmaciens. Quel grand homme a-t-il mis au jour? « Assez longtemps, s'écriait-il en allumant sa lanterne, nous avons eu des généraux *ineptes* et des généraux trop pressés d'évacuer leurs positions. On sait où il nous ont conduits. Il est temps de changer de tactique (1). » On n'en dut pas moins revenir aux hommes formés, créés par ce régime de favoritisme : au général d'Aurelles; au général Renault, sénateur; au général Bourbaki, aide de camp ; au général Vinoy, sénateur; au général Favé, aide de camp; à l'amiral La Roncière, un familier du Palais-Royal; au général Guiod, conseiller d'Etat; à l'amiral Jurien, aide de camp; au général Ducrot, — l'officier qui de toute l'armée française avait fait, sous l'Empire, la plus rapide carrière....Celui qui venait en seconde ligne, qui, après lui était arrivé le plus jeune au généralat, c'était le gouverneur de Paris, le président du gouvernement provisoire, M. le général Trochu ! — Oui !

Parmi toutes les légendes qui circulent sur les événements accomplis depuis six mois, celle qui représente M. le général Trochu comme une victime de la tyrannie, comme un de ces hommes de fer « qui ont résisté pendant dix-huit ans au bonapartisme : défendu de toutes manières nos droits, nos libertés (2) » et expié leur indépendance

---

(1) Proclamation de Tours.
(2) *Gazette de France*. — Peu de jours après, ce même journal

par la disgrâce, n'est certes pas la moins étrange! Si M. le général Trochu avait résisté pendant dix-huit ans à l'Empire, il eût été bien inconséquent et bien ingrat. Il eût été bien inconséquent, car l'Empire était en partie son œuvre, il avait contribué à le faire, à le faire matériellement; directeur-adjoint au ministère de la guerre, il avait été, le 2 Décembre, l'auxiliaire zélé du maréchal de Saint-Arnaud.

Il eût été bien ingrat, car vraiment il n'avait pas eu à se plaindre de ce régime. Le général Trochu, qu'on oppose avec orgueil aux « favoris, aux généraux gorgés de l'Empire, » n'eut rien à leur envier. — Lieutenant-colonel d'état-major en 1852 (c'est-à-dire à 37 ans), — colonel en 1853, — général de brigade en 1854 (c'est-à-dire à 39 ans), — général de division en 1859, — grand-officier en 1861 (c'est-à-dire à 46 ans), de tels états de service constituent un martyre assez doux. Que l'emploi de directeur du personnel occupé au ministère par M. le général Trochu ait aidé son rapide avancement, c'est possible. Mais à qui devait-il cet emploi ?

Le général Trochu aurait donc eu, je le répète, bien mauvaise grâce à se poser en adversaire d'un régime qui lui était si bienveillant. Aussi ne le faisait-il pas. Il critiquait volontiers les hommes et les choses. Il était tout au plus un *mécontent* ; jamais il ne se donna pour un ennemi. — Mais son livre sur

---

disait : « Les Bonapartistes n'ont pas pardonné au général Trochu son *opposition de quinze ans.* »

l'armée ?... Ceux qui le citent à tout propos comme une courageuse manifestation d'hostilité politique l'ont sans doute oublié. Qu'ils le relisent, ils verront que cet ouvrage factieux (dont le maréchal Niel, ministre de la guerre, fit,l'éloge à la tribune) débute par une épigraphe empruntée aux œuvres de Napoléon III et finit par cette phrase : « Ma pensée, indépendante au point de vue des principes que j'ai voulu défendre, a été toujours et de *très-haut* dominée par un *profond sentiment* du devoir commun : SERVIR FIDÈLEMENT L'EMPEREUR ET LE PAYS. »

Où est-elle donc cette victime des préventions dynastiques de l'Empire, dont le génie nous eût sauvés ? Serait-ce M. l'amiral Fourichon, ministre du gouvernement de Paris, membre du gouvernement de Bordeaux, qui, dans un décret électoral destiné à traverser les âges comme un monument de la liberté républicaine au XIX° siecle, flétrit tous les *complices* de l'Empire, même ceux qui venaient de verser leur sang sur le champ de bataille ? Pas même. Au mois de juillet, nous l'avons vu, M. l'amiral Fourichon partait à la tête de l'escadre d'évolution au cri de *Vive l'Empereur !* ... Si ce sont là les victimes du favoritisme impérial, réservons notre pitié pour de plus grandes infortunes, notre indignation pour des injustices plus criantes ; nous en aurons l'emploi !

Et surtout ne nous aveuglons pas sur les causes de nos malheurs. L'incapacité d'un seul ou de quelques-uns ne saurait expliquer cette suite non interrompue d'effroyables désastres. Ce ne sont pas les fautes de tel ou tel qui nous ont perdus, ce sont les fautes de tous. Ah! certes, nos officiers, nos soldats sont toujours des héros. Leur bravoure est toujours sans pareille. Si elle eût suffi, nous aurions encore été victorieux; mais elle ne suffisait plus. La campagne de 1870 ne devait ressembler à aucune de celles qu'ils avaient faites. La victoire ne devait pas y être le prix du courage, mais le prix de la science et de la discipline : ce qui diminue la gloire du vainqueur et l'humiliation du vaincu.

Or, si pour le courage ils n'ont pas de rivaux, pour la science nos officiers, pour la discipline nos soldats sont, il faut bien le dire, inférieurs aux officiers et aux soldats de l'armée prussienne.

Trompés par leurs succès passés, nos officiers n'ont pas suffisamment senti la nécessité de l'étude. Ils ont cru que l'intrépidité native, la ferme résolution de bien faire et de risquer crânement sa vie pouvait suppléer à tout, triompher de tout. « Des cartes? J'ai mon épée! » disait un général partant pour la frontière. Si un seul l'a dit, plus d'un le pensait.

Quant à nos soldats, ils ont été, comme toujours, de sublimes insoumis. C'est un vice de race : le livre du général Trochu en fait foi. Jamais pourtant ils ne l'avaient poussé plus loin. Jamais ce vice n'avait présenté plus de danger. D'ordinaire il portait en lui son correctif : si nos soldats échappaient à leurs chefs, c'était pour se jeter sur l'ennemi et le plus souvent pour le culbuter. Leur élan était désordonné, sans doute, mais irrésistible ; et, correctement ou non, le but principal était atteint. Mais dans cette lutte d'un nouveau genre, où l'ennemi les foudroyait de si loin qu'ils ne pouvaient songer à le joindre, la débandade n'avait plus même cette compensation. Si les Prussiens n'avaient été là pour nous en montrer le prix, l'exemple de nos marins, celui des zouaves pontificaux, aussi admirables par leur soumission, leur solidité que par leur entrain, nous auraient appris qu'aujourd'hui plus que jamais, la discipline est la première vertu du soldat.

V

Sedan.

La bataille. — Résistance impossible. — Que faire ? — Les trouées à la baïonnette. — Une chute plus grandiose. — Pourquoi l'Empereur ne s'est-il pas fait tuer ? — L'entrevue avec le roi de Prusse.

Une série de fautes avait conduit notre armée à Sedan. Un crime l'y trahit. Elle était décimée : on tenta de la flétrir : « autant de boue que de sang (1) ! » Il ne suffisait pas à l'Empereur de rendre « son épée vierge » à la Prusse « pour sauver sa vie (2), » de s'humilier devant le roi Guillaume « pour sauver ses bagages (3), » il vendit l'armée tout entière par une « capitulation scélérate (4), » par une capitulation froidement résolue d'avance, car l'aide de camp qui arbora le drapeau blanc « le tenait sous son paletot,

---

(1) M. Vitet, *Lettre à la Revue des Deux-Mondes.*
(2) Récit du *Soir*, reproduit par un très-grand nombre de journaux.
(3) Beaucoup de journaux, spécialement des journaux légitimistes, ont publié une note ainsi conçue : « Avant de signer la capitulation de Sedan, Napoléon a fait stipuler, *comme premier article*, qu'on ne visiterait pas ses bagages personnels. L'article a été accepté, et c'est ainsi que l'ex-empereur aurait sauvé des sommes considérables. »
(4) Proclamation de M. Gambetta.

comme un accessoire de truc tout préparé (1). » Napoléon III voulait tomber en compagnie ! » Après s'être lâchement livré, il livra non moins lâchement notre brave armée (2). » Aussi l'histoire ne le connaîtra-t-elle que sous ces deux noms : « Napoléon le lâche (3) » ou « le Traître de Sedan (4) », et si quelqu'un osait contester la lâcheté ou la trahison, il ne réussirait qu'à montrer « jusqu'où les créatures de l'Empire peuvent pousser l'audace du mensonge (5). »

Traître et lâche ! un chef d'armée ! un chef d'État ! un Bonaparte ! Oui, voilà ce qu'on dit à la foule qui, malgré son incrédulité, sa tendance naturelle à aduler les vainqueurs, à écraser les vaincus, sent bien que cela n'est pas possible et refuse de le croire.

Qui le lui dit? qui lance cette accusation, la plus terrible, la plus effroyable qu'on puisse jeter à la tête d'un homme ? Sont-ce ceux qui étaient au feu pendant qu'il était à l'abri ? Ceux qui demandaient à fondre sur l'ennemi, qui le conjuraient en vain de les y conduire ou de les y suivre ?

Non. Ce sont des écrivains qui, de loin, du fond de leur cabinet de travail, tranquillement assis sur leur fauteuil de cuir, ont laissé tomber de leur plume cette note d'infamie !

Ce sont les membres du gouvernement nouveau ;

---

(1) Récit du *Paris-Journal*, très-reproduit, surtout en province.
(2) Proclamation de la Délégation de Tours, portant les signatures de MM. Gambetta, Crémieux, Glais-Bizoin et *Fourichon*.
(3) Adresse d'un comité marseillais à la Délégation de Tours.
(4) Proclamation de M. Gent, préfet des Bouches-du-Rhône.
(5) Le *Sémaphore*.

même ceux dont une grande jeunesse ne saurait justifier l'intempérance de langage ; même ceux qui servaient, il y a cinq mois, sous les ordres de l'homme qu'ils flétrissent aujourd'hui.

Mais... si la flétrissure ne tombait pas seulement sur celui qu'ils se proposent de frapper ? Si elle atteignait avec lui trente généraux et l'armée de Mac-Mahon tout entière, — la légèreté, la précipitation, l'ignorance des faits pourraient-elle les excuser ?

Et si cette excuse même ne pouvait être invoquée !... Si cette capitulation qu'ils qualifient de scélérate, ils savaient pertinemment qu'elle ne pouvait être évitée ; si eux-mêmes, dans un document oublié, ils l'avaient reconnu : que faudrait-il penser, que faudrait-il dire des accusateurs ?

Tout cela est, cependant ! Il suffit, pour le prouver, de faire le récit de la chute de Sedan.

Nos soldats se battaient depuis deux jours dans des conditions désespérées. Le 1er septembre la lutte avait repris avant 5 heures du matin ; lutte acharnée à laquelle tout le monde avait pris part, même ceux qui d'ordinaire ne se battent pas : parmi les 20,000 hommes couchés sur le champ de bataille, on compta plus de 200 médecins ou infirmiers ; 500 avaient pris les armes (1). Le désordre, la confusion étaient partout, depuis les derniers rangs de l'armée jusqu'au premier. On ne savait même plus qui commandait.

---

(1) *Journal officiel* du 8 septembre.

Le maréchal Mac-Mahon, en tombant, avait désigné le général Ducrot pour lui succéder. Celui-ci dut céder la place au général Wimpffen, nommé par le ministre de la guerre. Ce changement de personne, le changement de dispositions qui en résulta, mettant le comble au désarroi général, enlevaient la dernière et bien faible chance de succès que la concentration du commandement pouvait donner à une tentative suprême.

Nos 80,000 hommes sont entourés, enveloppés de tous côtés par 230,000 prussiens et cinq cents pièces de canon. Bien que l'issue de cette lutte disproportionnée soit certaine, ils tiennent, ils tiennent longtemps. A la fin pourtant, les forces leur manquent. Ils se replient vers Sedan. Leurs chefs veulent les arrêter, les retenir : ils ne les écoutent plus et se jettent en désordre sur cette place trop étroite pour les contenir tous. Les voitures s'y précipitent derrière eux, avec eux, obstruant tous les passages. Ceux qui sont restés dehors ne pourront plus entrer; ceux qui sont entrés ne pourront plus sortir (1). Ils s'entassent dans les rues, sur les places, « tellement serrés, dit un témoin oculaire, que si on eût jeté une pierre en l'air, elle ne serait pas retombée par terre (2). » Là, ils sont comme dans une arène, foudroyés des hauteurs qui de toute part dominent la

---

(1) Le général Lebrun a peint cette situation par un mot expressif: « Plus des deux tiers de notre armée s'étaient déjà irrésistiblement « et inconsciemment précipités dans la *souricière* de Sedan. »

(2) M. Jezierski, correspondant de *l'Opinion Nationale*.

place. Ils ne peuvent répondre au feu de l'ennemi. Ils n'ont plus de cartouches. Sedan n'a ni munitions ni vivres. Tout devait venir de Mézières, et la route de Mézières est coupée. Les cris de la population, le spectacle de l'incendie allumé sur plusieurs points, ajoutent à l'horreur de cette scène. « Il tombait (écrit le correspondant du *Times*, M. Wîlliam Russel) une pluie de boulets sur la ville remplie de citoyens terrifiés qui n'avaient pas le temps de fuir... Les troupes étaient dans un état de fureur terrible, apostrophant leurs officiers, se mutinant, et chaque boulet qui tombait augmentait l'irritation de leurs esprits. L'une de ces nombreuses bombes devait produire un immense effet. Elle tomba dans un magasin ou une fabrique remplie de matières inflammables. Un incendie énorme éclata et une immense colonne de feu s'éleva au-dessus de la ville. On crut à une explosion, mais aucun bruit ne se fit entendre. Toutefois on comprit que Sedan allait se livrer aux vainqueurs et que tout espoir de défense était perdu. L'Empereur ne pouvait opposer de conseils dictés par la prudence, ni encourager le désespoir de ces braves gens. » Le Conseil municipal, au nom de la population, implorait la cessation du feu : « J'avoue (dit le correspondant du *Temps*) que devant la certitude d'une ruine absolue, irrémédiable, le vœu général était qu'on se rendît. » Il est 6 heures. Depuis 4 heures et demie du matin, ces malheureux se battent sans manger ou plutôt se laissent tuer, car ils ne peuvent plus se défendre : prolonger ce massacre, ce ne serait pas même augmenter les pertes de l'ennemi.

Six heures! entendez-vous?... Or, dans le récit de la bataille de Sedan, publié le 8 septembre, par les soins du gouvernement de la Défense nationale, dans le *Journal officiel*, récit peu scrupuleux pourtant (nous le verrons), où tout est habilement combiné pour prêter à l'Empereur un rôle odieux, je recueille cet aveu, qui enlève à l'accusation, comme je le disais plus haut, l'excuse même de l'ignorance :

> A quatre heures, la résistance était devenue impossible.

Quoi ! la résistance était impossible, — et c'est un crime, une lâcheté, une trahison de ne l'avoir pas continuée ? N'avoir pas fait L'IMPOSSIBLE, — c'est une SCÉLÉRATESSE ! Quelle réfutation de la calomnie quelle condamnation des calomniateurs dans le simple rapprochement de ces deux mots tombés de la même plume !

Cette contradiction n'est pas seulement le fait des personnages officiels. Elle est générale. Qu'on le remarque bien, car la constatation de ce fait tranche souverainement la question :

Mille voix se sont élevées pour flétrir la capitulation de Sedan, pas une pour indiquer pratiquement de quelle manière on eût pu l'éviter.

On a parlé vaguement d'une trouée à faire dans les rangs de l'ennemi. C'est l'eternelle solution des stratégistes amateurs. Mais sur quel point? comment? avec quelles ressources? C'est ce qu'on n'a pas dit. Hélas! les trouées à la baïonnette ne sont plus, ne peuvent plus être qu'un souvenir historique. Oui, jadis une colonne, même un régiment bien résolus, en laissant le quart, la moitié des leurs, avaient quelque chance de traverser des masses ennemies : jadis on pouvait faire taire une batterie en se précipitant dessus à l'arme blanche. Alors les canons avaient une portée de 600 mètres et l'on pouvait franchir cet espace au pas de course; mais aujourd'hui les boulets arrivent le plus souvent de 3 ou de 4,000 mètres. Les batteries qui les lancent sont si loin qu'on ne peut les apercevoir. Arriver jusqu'à elles est impossible. Le régiment qui le tenterait serait anéanti avant d'avoir fait la moitié de la course. Et quand les boulets le respecteraient, ses forces même le trahiraient avant le but. Nos soldats le savaient bien. Aussi ne répondirent-ils point à l'appel désespéré de leurs officiers. Le général de Wimpffen essaya lui-même d'entraîner quelques régiments, sinon pour passer avec eux, du moins pour tomber à leur tête. Il ne put réunir que 2,000 hommes; il les mena jusqu'au village de Balan; malgré son exemple, malgré ses instances, il ne parvint pas à le leur faire dépasser (1).

Si l'on ne pouvait éviter la capitulation, on aurait

---

(1) Proclamation du général Wimpffen après la capitulation.

pu du moins la retarder ? Oui, on pouvait prolonger de quelques heures cette stérile agonie. Oui, si l'Empereur avait vu, d'un œil plus sec, couler tant de sang généreux, il eût pu attendre que le général Wimpffen, avec lequel il avait en vain essayé de se mettre en communication, arrivât devant Sedan et prît la responsabilité d'arborer le drapeau blanc ; on eût pu laisser continuer « ce massacre inutile » d'une population affolée et d'une armée écrasée par la faim, la fatigue et le désespoir. Nos troupes auraient été, selon l'énergique expression de M. William Russell, « réduites en une marmelade de chair humaine dont l'horreur eût été sans exemple dans l'histoire. » Il n'y aurait pas eu plus de victimes dans les rangs de l'armée prussienne, mais il y aurait eu sous les murs et dans l'intérieur de Sedan vingt, trente, quarante mille cadavres de plus. La chute eût été plus grandiose !

Qui oserait reprocher à l'Empereur de n'avoir fait ni l'un ni l'autre de ces odieux calculs ? Pour moi, je le dis bien haut, je l'en loue !

Mais où est donc la *lâcheté* ? Où est donc la *trahison* ? Où est donc la *honte* ? Où est donc la *boue* ? On ne lance pas de pareilles injures, surtout lorsqu'on est ancien professeur, sous-homme d'Etat, académicien (comme l'auteur de la lettre à la *Revue des Deux-Mondes*), c'est-à-dire trois fois tenu de savoir la valeur des mots, — sans être en mesure de les justifier. Qu'on les justifie donc...! Non! On trouve plus commode de se débarrasser des contradicteurs en les accusant de « *pousser le mensonge jusqu'à l'audace.* » De quel côté est le mensonge ? De quel côté est l'audace ? Que le lecteur prononce !

Et je le répète, ce n'est pas sur la tête de l'Empereur seul que tombent ces injures. Pour atteindre un homme on flétrit l'armée tout entière. Car, après tout, qu'avait fait l'Empereur ? Avait-il capitulé ? Non. Il avait fait arrêter une inutile tuerie en demandant la cessation du feu : rien de plus. Pendant l'armistice les généraux allaient examiner le parti définitif à prendre. La lâcheté, la trahison, si trahison ou lâcheté il y avait eu, pouvaient se réparer. Le général de Wimpffen réunit un conseil de guerre : «Le 2 septembre, au point du jour, dit son *Rapport*, les généraux de corps d'armée et de division se réunirent en conseil, et après examen des ressources de la place, il fut décidé à l'unanimité que l'on ne pouvait éviter de traiter avec l'ennemi. » Ils avaient fait leurs preuves, lui et ceux qu'il consultait ! Certes, s'il était resté une ressource, même désespérée ; si l'on avait aperçu la moindre chance d'échapper, même en versant des flots de sang, à cette cruelle extrémité, n'auraient-ils pas voulu le tenter ? Les troupes n'auraient-elles pas devancé leur appel? Mais non ! Il n'y avait rien à faire, rien à essayer. Plus ils examinèrent la situation, plus ils reconnurent que reprendre les armes ce serait sacrifier en pure perte « de braves soldats susceptibles de rendre encore dans l'avenir de bons et de brillants services à la patrie (1). »

Pourquoi ne pas accuser aussi bien de lâcheté cette heroïque garnison de Strasbourg, dont la capitulation fut décidé par le conseil de guerre du général Ulrich, à l'unanimité *moins deux voix*. Il est vrai qu'on l'a tenté !

N'ajoutons pas à la douleur de telles catastrophes, la douleur de croire qu'elles pouvaient s'éviter. Non, ce n'est pas le général Ulrich qui a livré Strasbourg; non, ce n'est pas le général de Wimpffen, ce n'est pas l'Empereur, qui ont livré Sedan ; c'est la nécessité, la nécessité matérielle. L'Empereur ? il n'était plus qu'un captif quand la capitulation fut décidée. Dès la veille il avait déposé son épée.

Mais pourquoi l'avait-il fait ? Pourquoi n'était-il pas tombé sur le champ de bataille ? N'eût-il pas mille fois mieux valu pour lui tomber mort que vivant entre les mains de l'ennemi ?

Ah ! sans doute !... Et pensez-vous qu'il ne l'ait pas voulu ? Doutez-vous que la mort lui eût paru douce dans un tel moment et qu'il l'ait cherchée ? Cela encore on l'a nié.

Oui, cet homme à qui ses plus cruels ennemis n'avaient pas jusqu'alors refusé la bravoure, qui, tant de fois, avait montré ce genre de courage le plus difficile et le plus rare : le courage calme, froid,

---

(1) Proclamation du général Wimpffen après la capitulation.

qui n'a pas besoin pour se maintenir de l'enivrement de la lutte ni des regards d'une foule (1), l'inaltérable placidité, l'entière possession de soi-même en face du péril, qui voyait les obus tombant à ses pieds d'un œil indifférent sans interrompre la phrase commencée (2), — on a prétendu qu'à cette

---

(1) Je cite comme exemple un trait peu connu, mais que je puis affirmer :

L'Empereur allait partir pour un de ses premiers voyages à travers la France. Il devait s'arrêter à la station d'E..., y recevoir les autorités. La veille du départ, le sous-préfet d'E... arrive à Paris, éperdu ; il est sur les traces d'un complot contre la vie de l'Empereur, dont il n'a pu saisir tous les fils, mais qui doit éclater aux ateliers de la gare. On demande à l'Empereur de modifier son itinéraire. Il est convenu qu'il ne descendra pas à E..., la réception officielle est décommandée. On part. Au moment où le train impérial approche d'E..., l'Empereur donne l'ordre de le faire arrêter. On lui obéit avec surprise. Il descend ; on veut le suivre ; d'un geste il fait comprendre qu'il veut être seul. Et seul en effet, tranquillement, lentement, il se dirige... vers l'atelier de la gare. Il y entre, cause pendant cinq minutes avec les ouvriers et remonte en wagon comme s'il venait de faire la chose la plus simple du monde.

Tout le monde, en France, sait tomber sur le champ de bataille ; tout le monde n'aurait pas su faire cela. Il y a vingt traits pareils dans la vie de l'Empereur.

(2) M. Jeannerod, correspondant du *Temps*, qui est devenu sous la République préfet, puis général, le raconte : « En passant devant notre café, un obus avait éclaté à deux pas de son cheval ; pas un muscle de ce masque étrange n'avait bougé et quelques acclamations, aussitôt réprimées par un geste de sa main, l'avaient encore accueilli. »

Un fait analogue est raconté par le *Paris-Journal*, qui, depuis la chute de l'Empereur, s'était montré particulièrement dur pour lui :

« Une histoire d'outre-tombe certifiée par un revenant : celui qui fut Napoléon III est assis sur un pliant et parle à deux officiers. Une bombe tombe à deux pas d'eux et se mêle à la conversation. Les officiers involontairement font un pas en arrière ; l'*autre* ne bouge pas et continue tranquillement l'entretien. »

heure, en présence d'une si effroyable ruine, il avait craint de mourir! Non, personne ne le croira. N'importe : bien que la fausseté du fait se démontre d'elle-même; je veux l'établir par des témoignages matériels. J'interroge tous les témoins oculaires, même les étrangers, même les ennemis : ils sont unanimes.

Lisez d'abord cet extrait d'une lettre écrite par un officier supérieur blessé à Sedan, qui ne saurait être suspect de flatterie, puisqu'il se déclare l'ennemi de l'Empire :

> Je n'aime guère l'Empereur, mais j'aime encore moins la calomnie ; comme général, je le crois incapable, comme homme, il s'est bien montré, et *s'il n'a pas été tué, ce n'est pas l'envie qui lui en a manqué;* la sottise a été de se faire pincer près de Sedan ; une fois là, la terrible capitulation était inévitable. On était serré comme des harengs ; une épingle ne serait pas tombée à terre et les obus et les boulets tombaient là-dedans comme la grêle : jugez de l'horreur; résister était impossible, le simple bon sens était la capitulation: ON CRIE APRÈS MAINTENANT, MAIS ALORS TOUT LE MONDE LA VOULAIT, ET CEUX QUI N'ONT PAS VOULU LA SIGNER ÉTAIENT RAVIS D'EN PROFITER. J'en parle à mon aise, puisque j'étais blessé dès le matin et pris avec dix de mes hommes, comme vous savez.
>
> Nos chefs ont été des maladroits, des *pas de chance;* nos soldats des fous et des indisciplinés ; mais personne n'a été lâche; je le dis très-haut pour l'honneur de la France; vous savez mes opinions, mais on ne sert pas une bonne cause en mentant : Sedan est une faute, un grand malheur, une honte, jamais! dites-le partout et à tous (1).

---

(1) Dans cette lettre publiée par le *Journal de Genève* (20 décembre) et qu'aucun journal français n'a, je crois, reproduite, je lis encore : « L'histoire des deux cents voitures de l'Empereur qui nous retardaient est une fable absurde. »

Tous les journaux belges ont publié la dépêche suivante :

Berlin, 8 septembre.

Le *Staatzanzeiger* (journal officiel) dit que, suivant une source sûre et d'après des témoignages oculaires, dans la bataille de Sedan, l'Empereur Napoléon s'est exposé à un tel point que son intention de se faire tuer était évidente.

M. Russell, témoin de la bataille, confirme le fait dans une lettre au *Times* que je n'ai point sous les yeux, mais dont je trouve l'analyse dans le *Journal de Genève* :

M. Russell raconte que l'Empereur a fait preuve d'un grand courage dans la journée de Sedan, qu'il a en vain cherché la mort et qu'un obus est venu tomber sous les pieds de son cheval.

Enfin le correspondant du journal le *Temps* lui écrit :

L'Empereur a voulu mourir, LE FAIT EST MAINTENANT AVÉRÉ ; la mort a passé près de de lui comme près de Ney, aux Quatre-Bras.

Oui, la mort passait près de lui, l'effleurait, refusait de le frapper. En vain il allait froidement, sans étalage, sans mise en scène, se placer sur son chemin. Pendant cinq heures les boulets, les obus tombèrent devant lui, derrière lui, à sa droite, à sa gauche. Un aide de camp, un officier d'ordonnance, furent atteints à ses côtés. Lui, ne put l'être !

Ainsi sous les murs de Metz a-t-on vu le maréchal Lebœuf allant se placer successivement sur tous les points foudroyés par les projectiles, montrant sa grande taille et son uniforme chamarré, comme un défi à l'habileté des pointeurs prussiens,— sans jamais pouvoir être touché.

C'est que la volonté ne suffisait pas. Croire que sur nos champs de bataille, comme sur ceux d'autrefois, quand on cherche la mort on la trouve aussitôt, et qu'on se jette sur un boulet aussi facilement que sur une baïonnette,— c'est encore un préjugé légendaire. Non. Là même il eût fallu du bonheur, et l'Empereur n'en avait plus! Il était arrivé à l'une de ces heures de male-chance où la dernière faveur lui devait être refusée.

Puisque les boulets ne veulent décidément pas de moi, se dit-il, c'est que j'ai encore un devoir à remplir. Puisqu'il ne m'a pas été permis de verser mon sang pour l'honneur de l'armée, peut-être pourrai-je, du moins, lui rendre un dernier service et atténuer, à mes dépens, l'amertume de sa chute. Le souvenir de Napoléon Ier, déclarant qu'il déposait son épée, parce que les puissances avaient affirmé que sa personne « était le seul obstacle au rétablissement de la « paix en Europe », traversa sans doute son esprit. Il se dit qu'à l'exemple des puissances alliées, la Prusse avait déclaré qu'elle ne combattait que lui (1); et qu'en se livrant seul, avant que la capitulation fût conclue, il réussirait peut-être à en adoucir les termes. Tel fut le but de ses entrevues avec le roi

---

(1) Du moins le prince royal avait dit, dans sa proclamation de Nancy (19 août) : « L'Allemagne fait la guerre contre l'Empereur des Français, et non contre les Français. » Il était permis de croire qu'il parlait au nom du Roi.

Guillaume et le comte de Bismarck. Telle fut la seule pensée qui lui inspira cette démarche douloureuse. Tel fut l'unique but de son intervention. Il ne stipula rien pour lui ; rien pour la suite de la guerre : s'il eût placé le salut de sa couronne au-dessus de la dignité du pays, il pouvait aisément conclure la paix, il n'y songea pas un instant, refusa même d'aborder ce sujet. Il ne fit qu'intercéder pour l'armée. Sans se laisser décourager par un premier échec, il y revint à plusieurs reprises ; mais il se brisa contre l'inflexibilité prussienne.

Sur ce point encore, on le voit, la vérité ressemble peu à la légende officielle. Voici dans quels termes le récit émané du gouvernement, racontait le dernier acte des négociations :

<small>L'entretien s'ouvrit sur les conditions de la capitulation. Napoléon III allait et venait dans le salon, fumant des cigarettes, et laissant, avec une insouciance bien étrange dans un pareil moment, ses généraux et les généraux prussiens discuter.</small>

Récit purement imaginaire, malgré le détail des cigarettes qui vise à lui donner un caractère de scrupuleuse exactitude. L'Empereur n'aurait pu intervenir dans la séance dont parle le *Journal Officiel*, car il n'y assistait pas. Mais il était déjà intervenu, il devait intervenir encore, avec les plus vives instances, près du Roi, près de ses ministres qu'il crut d'abord avoir ébranlés, et ce n'était pas pour un autre objet qu'il s'était rendu près d'eux. Les rapports du quartier général prussien, racontant ses diverses entrevues avec le plus grand détail, ne laissent sur ce point aucune obscurité... Mais n'est-il pas douloureux d'être réduit à chercher la vérité dans de pareils documents!

Tels sont les faits. Pour qui les apprécie de sang-froid, la capitulation ne fut évidemment qu'un immense malheur. L'Europe entière la juge ainsi. Seuls nous la nommons une honte. Faute sans pareille! En poursuivant l'Empereur on atteint l'armée. La *boue* qu'on jette sur le trône éclabousse le drapeau.

Ne l'a-t-on pas compris? Ou bien faut-il croire qu'il y a pour certains partis quelque chose qui passe avant l'honneur même du drapeau : l'écrasement de ses adversaires (1).

---

(1) Un député de la gauche, M. Gambon, a du moins été logique en répudiant le drapeau national en même temps que l'Empire : « *Votre* drapeau tricolore, il a roulé dans la boue à Sedan, » disait-il récemment à l'Assemblée nationale. *(Note de la 2ᵐᵉ édition)*.

VII

Après Sedan.

La *fête* du 4 septembre. — Les calomnies officielles. — La Prusse. — Les pamphlets. — Les faux documents. — Ce dont on accuse la France.

L'Empereur est au pouvoir de l'ennemi. Aussitôt, sans prendre un jour pour réfléchir, pour examiner ce qui convient le mieux à la situation désespérée du pays, on se jette sur le pouvoir. On proclame la République. On dirige une colonne sur les Tuileries. L'Impératrice se retire, ne voulant pas qu'à une pareille heure on verse une goutte de sang français pour la défendre, conservant jusqu'à la fin cette attitude de patriotique abnégation qu'elle avait eue depuis le premier revers (**M.** le général Trochu le sait bien! ceux qui ont sa correspondance dans les mains (1) le savent mieux encore). Les Chambres

---

(1) Je retrouve dans mes papiers une lettre que je recevais le 24 août d'un de ceux qui l'entouraient. J'y lis ce qui suit :

« On parle de préoccupations personnelles ! N'en croyez rien. L'idée qui l'a inspirée depuis la première minute de nos revers est toute contraire : « Ne songeons pas à la dynastie, nous dit-elle, ne pensons

sont dissoutes par un décret. Le Corps législatif essaye de se réunir pour protester : on l'en empêche par la force... Et tout cela s'appelle, dans le langage officiel : prendre la place « vacante » d'un gouvernement « qui a DÉSERTÉ devant l'ennemi. »

La populace se répand alors dans les rues, ivre de joie, de « cette brutale et fausse joie que la multitude manifeste à l'avénement, à la naissance et à la chute de tous les princes (1) ; » elle rit, chante, gambade, casse des écussons, gratte des enseignes et va finir la journée dans des bals de barrière fermés depuis quelque temps, *rouverts pour la circonstance!* Peu s'en fallut qu'on illuminât !

Ah ! sans doute une révolution, c'est pour nous une fête nationale ! mais la fête, cette fois, — on la devait à la défaite de nos armes. Le *tyran* dont on acclamait ironiquement la chute, il n'était pas tombé comme Charles X, comme Louis-Philippe, sous les coups du pays révolté, mais sous les coups de l'ennemi ; on n'osait le déposer que parce qu'il était

---

« qu'à la défense du pays. Travaillons-y sans arrière-pensée person-
« nelle, tant qu'on nous laissera un lambeau de pouvoir dans les
« mains. Le désastre ne serait pas d'être détrônés, mais d'être désho-
« norés. »

« Vous voyez que si, dans l'effacement actuel des mots même d'Empire et d'Empereur, il y a de la part de quelques-uns certaine pusillanimité, il y a un sentiment d'abnégation plus élevé chez d'autres. »

Au mois de janvier 1871, quand on l'accusait de négocier avec l'ennemi contre les intérêts de la France, l'Impératrice écrivait à une personne de son intimité (j'ai eu la lettre sous les yeux) : « Que Dieu donne une victoire à l'armée de la Loire et je serai consolée de toutes mes douleurs ! »

(1) Thiers. *Histoire de la Révolution.*

captif; ce n'était pas la victoire « du peuple » qu'on célébrait si gaîment, c'était la victoire de la Prusse... on ne paraissait pas y songer ! Non ! jamais on n'a vu, jamais on ne verra spectacle plus douloureux, plus abject que celui de cette foule en goguette révolutionnaire pendant la journée du 4 septembre (1) !

Longtemps les manifestations de la rue gardèrent cette physionomie. Longtemps le succès révolutionnaire fit oublier le deuil national. Loin de mettre fin à ce spectacle dégradant, les membres du nouveau gouvernement comme les journaux semblaient le prolonger à plaisir par leurs excitations quotidiennes.

Oui, ce gouvernement dont le chef avait écrit : « Laissons à la foule toujours prête à l'adoration du succès et à l'insulte de la défaite, le soin d'insulter les victorieux, d'accabler les vaincus, » ne se borna pas à accabler le vaincu de Sedan ; il descendit pour le flétrir jusqu'aux plus grossières inventions. Non content de rejeter sur son égoïste ambition l'entière responsabilité de nos revers, d'affirmer que, pendant vingt ans, l'Empereur avait, à dessein, pour pouvoir plus facilement la livrer, gangrené la France, « tari en elle toutes les sources de la force et de la

---

(1) Combien étaient mieux inspirés, cédaient à un sentiment plus noble les journalistes de diverses opinions qui, au ministère de l'Intérieur, dans la nuit du 3 au 4 septembre, accueillaient la nouvelle du désastre de Sedan par les cris de « *Vive la France ! vive l'Empereur !* » L'un d'eux, M. Seigneur, rédacteur du *Monde*, avait récemment la loyauté de le rappeler, en ajoutant qu'il était loin de se rétracter.

grandeur (1) ; » on fit solennellement savoir au pays qu'en tombant Napoléon III avait essayé de l'entraîner dans sa chute. Si nous avons eu de la peine à nous procurer des fusils, des munitions, c'est qu'après nous avoir écrasés, il avait voulu nous empêcher de nous relever. « Toutes les armes, tous les *approvisionnements* avaient été dirigés sur Metz, Strasbourg et SEDAN. On dirait que, *par une dernière et criminelle combinaison*, l'auteur de nos désastres ait voulu, en tombant, nous enlever les moyens de réparer nos ruines (2) ! » Tous nos approvisionnements dirigés à dessein sur Sedan !.... Sedan, qui dut se rendre faute de cartouches, — audacieuse ironie !... Mais ce n'est pas tout. Ne trouvant plus d'armes en France, le gouvernement voulut s'en procurer à l'étranger. Là encore, il est arrêté par la main de Napoléon III : « Sur les marchés étrangers nous rencontrons la concurrence ennemie et cette concurrence est encore faite par l'homme de Sedan (3) ! »

On descend plus bas pour se mettre au niveau des derniers rangs. Ces mêmes hommes, jadis si susceptibles, qui s'indignaient de voir l'Empereur sourire à l'appel d'un nom, laissent circuler, colporter des pamphlets immondes, des caricatures dont on rougirait à Berlin (4), et devant l'hôtel du gouver-

---

(1) Discours de M. Gambetta à Bordeaux, 1er janvier.
(2) Proclamation de M. Gambetta, 9 octobre.
(3) Discours de M. Gambetta à Tours.
(4) Ainsi l'une d'elles représentait M. de Bismarck, rayonnant de

neur de Paris, ce même hôtel où l'Empereur l'installait récemment, sur la demande de l'Impératrice, on entend des voix avinées crier : *Les orgies de la femme Bonaparte* (1).

On permet à ces turpitudes de prendre une forme plus saisissante encore. Ces mêmes hommes qui reprochaient jadis à l'administration impériale d'avoir autorisé, dans une comédie de M. Sardou, quelques allusions bien innocentes aux « anciens partis, » laissent jouer aujourd'hui dans certains Alcazars des pièces où le dernier tableau (on peut juger du reste!) représente *Napoléon III à la potence!*

Les journaux eux-mêmes, du moins la plupart, cèdent à ce courant. Ceux qui avaient poussé le plus impérieusement à la guerre, ceux qui, pendant trois jours, avaient traîné le ministère dans la boue parce qu'il hésitait à l'entreprendre, qui avaient déclaré qu'elle était leur œuvre et non celle du pouvoir, font à l'Empereur un crime sans pareil... de leur avoir obéi. Beaucoup ne se contentent pas de dénaturer les faits pour y chercher un grief, trouvant

---

gloire, montrant son impérial captif humblement accroupi dans une cage... A Berlin, c'eût été bien vil ; mais en France !...

(1) Dans certaines grandes villes, à Marseille par exemple, des marchands de chanson voués à cette propagande spéciale s'installent dans les quartiers les plus fréquentés où ils entravent la circulation. Leurs tréteaux sont dominés d'une immense toile qui représente Napoléon III à genoux, coiffé du bonnet vert, recevant dans une attitude suppliante les injures d'un homme du peuple que le chansonnier interprète dans son ignoble langage. Et tout cela se passe en ce moment (avril 1871) non par la tolérance, par la *permission* des autorités ! *(Note de la 2ᵐᵉ édition.)*

jusque dans les victoires de Crimée ou d'Italie un motif d'accusation (1) : eux aussi, ils inventent à plaisir !

Faut-il énumérer cette longue série de documents apocryphes qui, grâce à eux, ont fait le tour de la France ? J'en rappellerai deux seulement pour donner une idée de ce genre de publications.

Le premier paru : le récit de l'entrevue de Napoléon III et de Guillaume, intitulé : *La fin d'un Empereur*, où personnages, costumes, mise en scène, tout est minutieusement décrit comme par un témoin attentif et scrupuleux ; où les moindres paroles sont notées ; où l'Empereur est plat et vil, le Roi fier, impérieux, superbe ; où le premier dit *Mon bon frère*, où l'autre répond *Monsieur*, « en frappant de son sabre le plancher *poudreux* de la salle, » où l'Empereur obtient du Roi la vie sauve, en lui révélant le moyen de prendre Paris ; — et où tout, absolument tout (même le lieu de la scène) est inventé, bien que l'auteur débute par cette phrase, partout reproduite : « Ecoutez, ceci est une page d'histoire. »

Passant par-dessus les autres, j'arrive au dernier, celui qui vient de paraître au moment où j'écris ces lignes : l'*Espérance du Peuple*, à laquelle l'empruntent une cinquantaine de feuilles, le donne comme

---

(1) M. Liebert, dans un article de la *Revue des Deux-Mondes*, dit que l'indiscipline des troupes a été en grande partie la cause de nos revers, mais que cette indiscipline a été introduite dans l'armée par les zouaves de Crimée et d'Italie ; — ce qui amène habilement ce curieux aphorisme : « Ainsi les victoires même de l'Empire nous auront été funestes ! »

un *document qui doit être distribué aux membres de la Conférence de Londres* :

TRAHISON DE L'EMPEREUR NAPOLÉON DEVOILÉE PAR GUILLAUME.

Versailles, 30 décembre 1870.

A Sa Majesté Napoléon III,
prisonnier au château de Wilhelmshohe.

Monsieur mon frère.

Lors de l'entrevue personnelle et secrète que j'eus l'honneur d'avoir avec Votre Majesté, le 3 septembre dernier, la veille de la capitulation de Sedan, glorieuse pour mes armes, vous me promites, sur la foi du serment, de me livrer, après le combat du lendemain, non-seulement les troupes placées sous votre commandement avec tous vos maréchaux et généraux, mais encore la capitale de votre empire, en proie, disiez-vous, à la plus violente anarchie, et ne devant contenir aucune troupe capable de la défendre.

Les forts même qui l'entourent, m'aviez-vous ajouté, ne pouvaient offrir aucune résistance sérieuse, — excepté toutefois le Mont-Valérien que votre fidèle compatriote Pietri devait me livrer avec la garnison, moyennant quelques millions de thalers.

Confiantes dans mes impériales paroles, mes armées se sont avancées jusque sous les murs de Paris, où elles ont trouvé, contre toute attente, des forces nombreuses, qui nous font subir des pertes considérables.

Mes vaillants soldats et leurs alliés se sont avancés, en outre, sans défiance au milieu de vos provinces, et au lieu d'y trouver l'accueil bienveillant et sympathique qu'on était en droit d'en attendre, nous avons eu à lutter contre votre peuple récalcitrant, qui s'oppose de plus en plus à la marche victorieuse des défenseurs de l'Allemagne.

J'ai tout lieu de m'étonner, Sire, que vous ayez ainsi violé votre parole et vos promesses, et je crois ne pas devoir vous cacher que j'éprouve le plus vif mécontentement de voir ainsi changé le programme convenu entre nos royales personnes.

Vous ne serez donc pas surpris de me voir retirer ma parole et en même temps ma promesse de vous rétablir sur le trône de France et d'y maintenir votre auguste dynastie.

Peut-être me verrai-je, bien à regret, vu les circonstances, de ne plus vous maintenir dans ma royale demeure de Wilhemshohe, et de vous faire interner dans une des forteresses de mon puissant Empire.

Sur ce, monsieur mon frère, je prie Dieu, mon grand justicier, qu'il vous soit en aide.

GUILLAUME.

L'*Espérance du Peuple* n'est pas, comme on pourrait le croire, un journal révolutionnaire. C'est une de ces feuilles légitimistes qui invoquent à chaque ligne l'antique loyauté, les principes, la morale et la religion ; qui déplorent sans cesse l'altération du sens moral, et l'attribuent aux pratiques corruptrices de l'Empire... L'Empire a-t-il jamais donné de telles leçons de probité politique ? Les journaux qui le défendaient se sont-ils jamais permis de placer dans la bouche du comte de Chambord, du duc d'Aumale ou de M. Victor Hugo des paroles apocryphes ? Qu'on fouille leurs collections de 1851 à 1870, je défie qu'on y trouve rien qui ressemble, même de loin, de très-loin, aux deux documents cités ci-dessus, et à cinquante autres de même nature publiés depuis cinq mois !

Si de tels exemples sont donnés par la presse, c'est après tout la faute du public éclairé. Il ne prend pas ces *espiègleries* au sérieux, se contente de sourire ou de hausser les épaules, s'imaginant que tout le monde en fera le même cas que lui. Non : il y a une couche de lecteurs où les plus grosses absurdités prennent racine et fructifient ; où l'on dit en hochant la tête : « Si cela n'était pas vrai, on le démentirait. » Les inventeurs savent ce qu'ils font : il en reste toujours quelque chose !

Démentir de telles pièces ? Le peut-on ? Ce serait s'abaisser, s'abaisser en pure perte. Pour un journal qui insérerait le démenti, cinquante autres le passeraient sous silence.

Le public anglais se montre plus soucieux de sa dignité. Il ne souffre pas qu'on se moque ainsi de lui. Le journal anglais qui donnerait comme un document sérieux une œuvre apocryphe, ou qui ne reproduirait pas le démenti, quand il a reproduit l'accusation, perdrait aussitôt tout crédit, bientôt toute clientèle.

Si, chez nous-même, un écrivain agissait ainsi à l'égard du premier venu, il serait déshonoré. Pourquoi ne l'est-il pas parce qu'il s'adresse à une tête couronnée ? C'est tout simplement la théorie du régicide... Encore y a-t-il dans l'acte du régicide attaquant un homme au faîte de la puissance, quelque chose qui manque à ces calomnies, poursuivant un homme abattu : le courage.

Eh bien ! le régicide matériel, nul n'ose le défendre. Ce régicide moral, combien, parmi ceux qui se disent conservateurs, se laissent aller à le commettre !

Ah ! je le sais, ce spectacle est, chez nous, traditionnel. Nos pères l'ont vu en 1848, nos grand-pères en 1830. *Les Amours de la duchesse d'Angoulême avec l'archevêque de Paris* ou les *Amours d'Adelaïde* valaient assurément les *Orgies de la femme Bonaparte*. Les *Amours secrètes des Bourbons* ressemblaient fort aux *Passe-temps secrets de Napoléon III*; et les réquisitoires que M. Crémieux lance aujourd'hui contre l'Empereur, lui avaient déjà servi contre Louis-Philippe, — à cela près qu'il reproche à l'Empereur d'avoir fait la guerre, et reprochait à Louis-Philippe de ne l'avoir pas faite : « Citoyens ! s'écriait-il en ce temps-là, le gouvernement déchu était fondé sur le culte d'un seul homme. Aux volontés de cet homme, il sacrifiait *l'honneur, la gloire*, les intérêts les plus chers de la France, etc... (1). »

Oui, le lendemain de toutes nos révolutions on a vu se reproduire cette scène que M. de Vigny peignait en une énergique image : « Les bêtes fauves « suivent le voyageur dans le désert. Tant qu'il « marche et se tient debout, elles restent à distance « et lèchent ses traces comme des chiens fidèles. « S'il bronche, s'il tombe, elles se précipitent sur « lui et le déchirent... (2). »

Mais dans le dévergondage de 1830 et de 1848, y avait-il du moins une sorte de logique brutale. La révolution était alors le résultat exclusif d'événe-

---

(1) Discours du 4 mars 1848 *(Mémoires de Caussidière)*.
(2) *Journal d'un poëte.*

ments intérieurs, le couronnement de longs efforts et le dénouement presque naturel d'une situation déjà vieille. Les souverains déchus étaient tombés sous le poids de fautes qu'on leur reprochait, à tort ou à raison, depuis longtemps; et le lendemain de leur chute on ne faisait que répéter avec plus de violence les calomnies de la veille.

Combien, vis-à-vis de l'Empire, la situation du pays était différente !

L'Empire venait de recevoir un nouveau baptême. Dans cette France divisée, morcelée par les partis, et mobile à l'excès, il avait su réunir, après vingt ans de règne, la presque unanimité des suffrages. Des personnages politiques, d'illustres écrivains, ses adversaires jusqu'alors, se rapprochaient de lui, demandaient à le servir. L'Académie, elle-même, répudiant avec éclat son attitude boudeuse, accordait au chef du cabinet le premier vote unanime qu'elle eût émis depuis longtemps. Telle était la situation la veille de nos revers. Telle elle serait encore si quelques canons ou quelques milliers d'hommes de plus, une alliance s'effectuant quelques jours plus tôt, avaient fait pencher de notre côté la balance.

Comme tous ceux qui tirent l'épée, depuis qu'on se bat en ce monde, nous espérions être vainqueurs : nous sommes vaincus... Alors ceux qui parlent, qui écrivent en notre nom livrent aux gémonies non-seulement la loi militaire, le régime militaire, l'administration militaire, mais l'Empire tout entier, depuis le premier jusqu'au dernier de ses actes. Ce trône qu'on venait de réédifier après vingt ans d'expérience, ils ne se contentent pas de le briser, ils le traînent dans la boue.

Agir ainsi, ce n'est pas seulement déifier le succès, c'est nous accuser devant l'Europe d'une légèreté singulière ou d'une insigne lâcheté.

Nous sommes bien légers, en effet, si une campagne malheureuse a pu changer, aussi complètement qu'on l'affirme, nos opinions sur un règne de vingt ans; bien lâches, si ce que nous pensons aujourd'hui, nous le pensions avant la guerre. Oui, si l'Empire était ce régime honteux qu'on nous dépeint et si nous le jugions tel, nous sommes absolument sans excuse de l'avoir supporté si longtemps, de l'avoir consolidé l'année dernière, quand, pour le renverser, il n'était pas besoin de faire appel à la violence, quand il suffisait de déposer un bulletin !

De même qu'en voulant flétrir la capitulation de Sedan, on atteint toute une brave armée, en représentant l'Empire comme le « plus inepte et le plus odieux des gouvernements (1), » on délivre aux sept millions de Français qui l'ont soutenu fidèlement un certificat d'idiotisme et de platitude.

Même s'il eût été démontré que l'intérêt de la

---

(1) Proclamation de M. Crémieux.

défense nationale réclamait l'établissement de la République (ce que le pays seul avait qualité pour décider), ne pouvait-on, par un langage plus digne, éviter à la France l'humiliation de cette palinodie? Au spectacle de nos désastres militaires, fallait-il joindre l'exemple, plus honteux encore, d'un manque absolu de tenue politique?

CONCLUSION

Devant cet effondrement de la patrie, que chacun désire rejeter sa part de responsabilité, on le comprend. Bien peu cependant en ont le droit : soldats, diplomates, publicistes, ministres, députés, public même, tous ont quelque reproche à se faire. La Chambre et la presse, la gauche, le tiers-parti et la majorité, le parti orléaniste croyant suffire à tout avec de gros contingents formés en *trois mois*, et le parti républicain voulant suppléer aux armées permanentes par la levée en masse, tout le monde s'est plus ou moins trompé.

Et cependant un seul est accusé ; un seul est réputé coupable : l'Empereur.

Le grand crime de l'Empereur est donc de n'avoir pas eu, à lui seul, raison contre tous.... Mais le pouvait-il ? Lui en avait-on laissé la faculté ? S'il eût suffi que l'Empereur aperçût le meilleur parti pour que ce parti prévalût, nous aurions été sauvés, car en trois occasions capitales, décisives, il l'avait indiqué :

En 1866, l'Empereur avait voulu réorganiser à fond notre régime militaire, « discipliner la nation tout entière, » afin d'avoir sous la main 1,200,000 hommes disponibles. On ne l'avait point souffert. Ceux qui l'accusent aujourd'hui d'avoir « systématiquement énervé la France, » d'avoir tari en elle toutes les sources de la force militaire, lui reprochaient alors avec une égale énergie, d'avoir l'insolente prétention de la « militariser. »

Au mois de juillet dernier, l'Empereur voulait résoudre pacifiquement la question Hohenzollern.

Le mois suivant, après nos premiers revers, il eût voulu que toutes nos ressources fussent concentrées sous les murs de Paris.

Ces trois points furent résolus contre son sentiment personnel : ceci ne peut être nié.

Ah! si la guerre d'Italie, si la guerre de Crimée s'étaient terminées par un désastre, on aurait pu l'en rendre directement, personnellement responsable. « Ces deux expéditions, M. Jules Favre l'a dit avec raison, avaient été entreprises par l'influence de l'Empereur; c'est lui qui les avait ordonnées et conduites (1). » Alors il gouvernait. Il avait voulu la guerre, l'avait dit hautement à l'avance, avait su la préparer, la conduire et la terminer rapidement, même au risque de voir sa modération taxée de faiblesse.

---

(1) Séance du 23 décembre 1867. — On apprécie le soin avec lequel tous les préparatifs de cette longue expédition avaient été faits par notre administration, quand on les compare à ceux de l'administration anglaise. Celle-ci avait eu devant elle tout le temps, tout l'argent nécessaires, et n'avait su organiser convenablement aucun service. Elle laissait le froid décimer ses troupes sur le plateau de la Chersonèse, pendant que les nôtres étaient bien abritées, bien vêtues; forçait

Mais quand nos difficultés avec la Prusse commencèrent, surtout lorsqu'elles aboutirent à un conflit, combien la situation de l'Empereur était différente !

Il ne gouvernait plus. Le pays, ou du moins l'opinion libérale qui parlait au nom du pays, lui avait dit : « Laissez-nous conduire les affaires, vous y gagnerez en sécurité ce que vous perdrez en autorité. Je vous prendrai le pouvoir que vous exercez seul, mais je vous enlèverai la responsabilité que seul vous supportez et dont le poids vous écraserait à la longue. »

L'Empereur avait cédé peu à peu ; cédé en fait avant de céder en droit. Il ne se dessaisit officiellement de son autorité qu'au 2 janvier 1870. Mais depuis plusieurs années déjà, sans posséder le pouvoir, l'opinion libérale exerçait sur la direction des affaires, par la Chambre et surtout par la presse, une influence décisive. Par malheur (cédant, sans y songer, aux excitations contradictoires de la gauche), elle oscillait entre deux sentiments opposés : le désir de mettre un terme aux empiétements de la Prusse, — et la passion de l'économie. Sans doute il était bien de souhaiter une revanche de Sadowa, puisque Sadowa était « un Waterloo ; » sans doute il était bien

---

plus de 10,000 de ses soldats à se faire habiller et nourrir par notre intendance : « Il est effrayant, disait alors l'un des promoteurs de l'enquête, M. Laing, de voir la débâcle générale de notre organisation militaire. Où en serions-nous si, au lieu de la Russie, nous avions eu affaire à la France, si le jeune et nouvel Empire s'était tourné contre nous, si cent mille Français avaient été jetés sur nos côtes, et si nous avions dû les combattre avec un pareil état-major ! »

de rêver l'allégement du budget de la guerre; mais ces deux prétentions ne pouvaient se concilier.

Il fallait choisir : imiter l'Angleterre se désintéressant peu à peu des choses de l'Europe pour se consacrer tout entière au développement de ses intérêts matériels; ou la Prusse, ramassant pendant de longues années toutes ses ressources, pour frapper à l'heure opportune un coup décisif.

Le parti libéral ne sut prendre ni l'une ni l'autre de ces attitudes. Il était fort à craindre que son arrivée aux affaires ne nous fît recueillir les fruits de cette politique incertaine.

En effet, dès qu'une occasion de conflit se présente, il s'en empare. Il veut faire sentir qu'il est enfin le maître, montrer sa supériorité sur les *hommes de Sadowa*, débuter sur la scène du monde par un coup d'éclat: « M. de Bismarck s'est trompé, s'écrient tour à tour les divers organes de ce parti, nous ne sommes plus en 1866 (1), — l'Empire autoritaire pouvait accepter de tels affronts : la France libérale les relève (2); — la France d'il y a quelques années, la France qui subissait une politique et la soldait sans murmurer se fût inclinée devant l'injure, la France qui vient de renaître à la liberté est debout et se vengera (3). — Elle fera la guerre : c'est elle seule qui l'a voulu. Cette résolution n'émane pas du gouvernement prêt à se contenter de concessions dérisoires.

---

(1) M. A. Assolant.
(2) M. Pessard.
(3) M. Vrignault.

Elle émane des entrailles du pays (1). » Que le pouvoir, après la campagne, n'essaye donc pas de s'appuyer sur la victoire pour reprendre la liberté. Cette guerre n'est pas son œuvre, c'est la nôtre : les fruits nous en appartiennent.

Ainsi parlait-on à l'avance ! Quand on l'espérait heureuse, on revendiquait avec orgueil la responsabilité de la guerre. Malheureuse, on la répudie avec indignation. Si elle eût produit des victoires, c'eût été l'œuvre exclusive du parti libéral; elle produit des revers, c'est l'œuvre exclusive de l'Empereur !

Les uns se contentent de garder le silence ; les autres se renient hautement : « C'est l'Empereur, ce sont les candidats officiels, les journaux officieux qui ont tout fait. Nous n'y sommes pour rien. » D'autres enfin, le plus grand nombre, croient se tirer d'affaire en disant : « Nous ne connaissions pas la situation. »

Quoi ! voilà une Chambre, une presse, une classe politique, en un mot, qui a pris le pouvoir à l'Empereur pour l'exercer elle-même ; après nous avoir poussés à la guerre, elle déclare sans embarras qu'elle ignorait cette chose essentielle entre toutes : le chiffre de nos troupes et celui des troupes prussiennes, qu'elle ne s'était point rendu un compte exact, minutieux de nos forces, de nos ressources et de celles de l'ennemi. Alors même que le gouvernement ne lui eût point fourni les éléments de

---

(1) M. de la Pouterie.

cette étude, n'était-ce point son premier devoir de les rechercher? Mais on les avait souvent placés sous ses yeux. Quinze jours avant, trois jours avant la déclaration de guerre, on lui exposait encore la situation respective des deux puissances. Et elle ne savait pas!.... Après avoir exigé l'exercice du pouvoir, elle pourrait, par un simple aveu d'étourderie, décliner la responsabilité qui en est l'inévitable corollaire? C'est inadmissible.

Pour qui va au fond des choses, le grief qu'on a contre l'Empereur est le contraire de celui qu'on formule. On ne lui en veut pas, comme on l'assure, d'avoir abusé du pouvoir personnel, mais de n'en avoir pas suffisamment usé; on ne lui en veut pas d'avoir conservé une autorité despotique, mais d'avoir trop strictement rempli son rôle de souverain constitutionnel.

Ce qu'on reproche à l'Empereur, c'est de n'avoir pas accompli sa grande réforme militaire comme le roi de Prusse avait accompli la sienne : contre le gré du parlement et du pays.

C'est de n'avoir pas négocié mystérieusement avec quelque puissance, en dehors de ses ministres et de la politique de paix proclamée par eux, une alliance offensive et défensive contre la Prusse.

C'est de s'être laissé *forcer la main* pour déclarer la guerre; de n'avoir pas imposé un ministère pacifique à une Chambre belliqueuse; de n'avoir pas dit : « Peu m'importe ce que dit la tribune, ce que dit la presse et ce que crie la foule. Seul je sais ce qu'il faut à la France. Seul j'ai raison. On ne fera pas la guerre. *Sic volo!* »

C'est enfin lorsque, dépouillé de son commandement militaire, comme il avait été dépouillé de son autorité politique, sorte de général en chef constitutionnel, il marchait à la tête de l'armée sans la commander, assistait aux opérations sans les diriger, de n'avoir pas opposé ses ordres à ceux que le maréchal de Mac-Mahon recevait du ministère.

Ou les reproches qu'on adresse à l'Empereur n'ont pas de sens, — ou ils ont celui-là. Car sans *imposer* sa volonté, que pouvait-il faire qu'il n'ait fait?

Mais je suppose qu'il eût pris sur lui ce retour au pouvoir absolu, et que, de son autorité propre, il eût empêché la guerre d'éclater au mois de juillet — le pays eût-il été sauvé? Non. Cette occasion étant perdue, la Prusse, résolue à la guerre, en eût aisément trouvé d'autres. Son parti-pris d'agression, mieux démontré par cette récidive, eût sans doute accru les sympathies de l'Europe pour notre cause, mais ne l'eût point arrachée à sa torpeur. Nous aurions pu retarder la guerre, non l'éviter.

Ne cherchons donc pas à nous abuser plus longtemps. Faisons avec franchise et résolution notre examen de conscience. Reconnaissons que nos malheurs sont le produit de nos fautes, nos fautes le produit d'un vice organique, d'un vice national que ne nous a pas donné l'Empire et qu'un autre régime ne corrigera pas en nous : la légèreté (1). Vice incurable! qu'on pourrait cependant atténuer, sinon détruire. Mais pour y arriver, il faut d'abord le constater hautement. Si nous voulions continuer à rejeter sur un homme ou sur un régime l'entière responsabilité de nos malheurs, nous n'en supprimerions pas la cause réelle et permanente, qui est en nous.

Nous ressemblerions à des matelots indisciplinés, forçant leur capitaine à prendre la mer avec un navire mal gréé, et le jetant par-dessus bord au premier accident. Ils croiraient avoir tout sauvé, mais pendant qu'ils maudiraient le capitaine, et se disputeraient ses dépouilles, le navire n'en ferait pas moins eau. D'avaries en avaries, il finirait par sombrer!

---

(1) « De tous les peuples le Français est celui dont le caractère a dans tous les temps éprouvé le moins d'altération ; on retrouve le Français d'aujourd'hui dans ceux des croisades, et en remontant jusqu'aux Gaulois, on y remarque encore beaucoup de ressemblance. Cette nation a toujours été vive, gaie, généreuse, brave, sincère, présomptueuse, inconstante, avantageuse et inconsidérée. » — DUCLOS. — *Considérations sur les mœurs*.

TABLE.

I

Qui a voulu la guerre?

Guerre dynastique. — Résultat du Plébiscite. — La Commission des Papiers secrets. — L'Empereur est-il pour la guerre? — D'où part l'impulsion? La déclaration Gramont. — Ce qu'on en pense. — Le désistement. — Comment il est accueilli. — Le Gouvernement veut s'arrêter. — Qui l'en empêche? — Les Journaux, les Couloirs de la Chambre, la Rue. — La scène d'Ems. — La séance du 15 juillet. — Le vote des 83. — M. Thiers. — La Gauche. — Pourquoi elle veut la paix. — Comment la déclaration de guerre est accueillie. — La Province. — Ses manifestations, ses Journaux et les Rapports des Préfets. — Deux préfets type. — Un pieux mensonge.............. Pages 9.

II

Pourquoi a-t-on voulu la guerre?

La France et le Rhin. — Une tradition républicaine et monarchique. — Sadowa. — Parti-pris de la Prusse. — La guerre inévitable. — En se contentant du désistement on ne l'empêchait pas.................................... Pages 103.

III

Insuffisance des préparatifs.

Qu'avait dit le Gouvernement ? — Qu'avait-il fait ? — Pourquoi n'avait-il pas fait davantage ? — Rôle de divers partis de 1866 à 1870. — Extrait des débats parlementaires. — Trois projets repoussés. — Armée active. — Garde mobile. — Fusils. — Canons. — Fortifications. — Avertissements du maréchal Niel. — Son désespoir. — Illusions de l'Ecole orléaniste. — Illusions de l'Ecole républicaine. — Comme en Autriche ! — Le gouvernement personnel. — Rôle de la presse radicale. — La victoire dans ces conditions est-elle possible ? — Ce qu'on en pense. — Ce qu'on pense de notre infériorité numérique. — Ce qu'on pense de notre artillerie. — On aura trois mois pour se préparer. — La Prusse ne tiendra pas un mois. — Nos alliances. — Pourquoi nous n'avons pas été prêts. — Odieuse comédie.... Pages 125.

IV

Insuffisance du commandement.

L'Empereur et le Prince Impérial à l'armée, — Les bagages. — Pourquoi l'Empereur commande. — Ce qui arrive quand il ne commande plus. — M. Gambetta généralissime. — Les généraux d'antichambre. — Les victimes du favoritisme... Pages 203.

V

Sedan.

La bataille. — Résistance impossible. — Que faire ? — Les trouées à la baïonnette. — Une chute plus grandiose. — Pourquoi l'Empereur ne s'est-il pas fait tuer ? — L'entrevue avec le roi de Prusse...... .... Pages 223.

VI

Après Sedan.

La *fête* du 4 septembre. — Les calomnies officielles. — La presse. — Les pamphlets. — Les faux documents. — Ce dont on accuse la France.... .... Pages 239.

CONCLUSION..... .... Pages 253.

MARSEILLE. — TYP. MARIUS OLIVE

RUE SAINTE, 39.

www.ingramcontent.com/pod-product-compliance
Lightning Source LLC
Chambersburg PA
CBHW050322170426
43200CB00009BA/1425